Método de pesquisa em Antropologia

Conselho Acadêmico
Ataliba Teixeira de Castilho
Carlos Eduardo Lins da Silva
Carlos Fico
Jaime Cordeiro
José Luiz Fiorin
Tania Regina de Luca

Proibida a reprodução total ou parcial em qualquer mídia
sem a autorização escrita da editora.
Os infratores estão sujeitos às penas da lei.

Consulte nosso catálogo completo e últimos lançamentos em **www.editoracontexto.com.br**.

Franz Boas

Método de pesquisa em Antropologia

Tradução | **José Carlos Pereira**

Copyright © 2023 da edição brasileira:
Editora Contexto (Editora Pinsky Ltda.)

Foto de capa
Anônimo, c. 1915

Montagem de capa e diagramação
Gustavo S. Vilas Boas

Preparação de textos
Tomoe Moroizumi

Revisão
Lilian Aquino

Dados Internacionais de Catalogação na Publicação (CIP)

Boas, Franz, 1858-1942
Método de pesquisa em Antropologia / Franz Boas ;
tradução de José Carlos Pereira. – São Paulo :
Contexto, 2023.
144 p.

Bibliografia
ISBN 978-65-5541-261-1

1. Antropologia – Pesquisa – Metodologia 2. Etnografia
I. Título II. Pereira, José Carlos

23-0852   CDD 301

Angélica Ilacqua – Bibliotecária – CRB-8/7057

Índice para catálogo sistemático:
1. Antropologia - Pesquisa

2023

EDITORA CONTEXTO
Diretor editorial: *Jaime Pinsky*

Rua Dr. José Elias, 520 – Alto da Lapa
05083-030 – São Paulo – SP
PABX: (11) 3832 5838
contato@editoracontexto.com.br
www.editoracontexto.com.br

Sumário

APRESENTAÇÃO 7

INTRODUÇÃO 21

AS LIMITAÇÕES DO MÉTODO COMPARATIVO
DA ANTROPOLOGIA 31

OS OBJETIVOS DA ETNOLOGIA 49

OS MÉTODOS DA ETNOLOGIA 71

ALGUNS PROBLEMAS DE METODOLOGIA
NAS CIÊNCIAS SOCIAIS 87

MÉTODOS DE PESQUISA. 103

Bibliografia 137

O autor 139

O tradutor 141

Apresentação

Este livro reúne alguns dos textos mais importantes de Franz Boas relacionados aos métodos de pesquisa em Antropologia. São textos complementares e que dialogam entre si, bem como com outros textos do autor presentes em outras obras publicadas por esta Editora. Boas foi pioneiro na apresentação de métodos de pesquisa antropológica, sobretudo a Etnografia, ferramenta metodológica imprescindível da Etnologia, que consiste num esforço para desenvolver explicações rigorosas e com base científica dos fenômenos culturais, comparando e contrastando muitas culturas humanas. Nesse aspecto, Franz Boas continua sendo uma referência nessa área das ciências humanas, e não é por acaso que é considerado o pai da Antropologia moderna e um dos pesquisadores mais respeitáveis da história da Antropologia.

Franz Uri Boas nasceu em 9 de julho de 1858, em Miden, Alemanha, e morreu em 21 de dezembro de 1942, em Nova York, aos 84 anos. Era de uma família judaica. Seu pai, Meier Boas, era comerciante e sua mãe, Sophie Meyer Boas, professora do ensino fundamental. Desde cedo demonstrou interesse pelos estudos das ciências naturais e, ainda no ensino médio, manifestou afinidades com a História Natural. Seus estudos acadêmicos iniciais foram em Geografia, Física e Matemática, na Universidade de Heidelberg e Bonn. Em 1881, doutorou-se em Física pela Universidade de Kiel. Em 1886, foi para Berlim completar seus estudos em Geografia. Sua tese sobre os esquimós concedeu-lhe o título de livre-docente. O mergulho na cultura desse povo despertou-lhe a paixão pela Antropologia. Em 1887, migrou para os Estados Unidos – onde se tornou uma das mais importantes referências na área —, atuou em renomadas universidades (Clark e Colúmbia), com consagradas pesquisas de campo que comprovaram a eficácia de seus métodos, e formou prestigiados nomes da Antropologia moderna.

Embora sua formação acadêmica básica não tenha sido propriamente a Antropologia nem mesmo as Ciências Sociais, mas a Física e a Geografia, essas áreas lhe deram importantes contribuições para as suas pesquisas antropológicas, permitindo-lhe desenvolver uma metodologia de pesquisa que se tornou suporte metodológico para muitas outras ciências. Como antropólogo físico, Boas desenvolveu métodos sistemáticos para medir o crescimento, o desenvolvimento e as mudanças físicas no ser humano e parte dessa metodologia está reunida neste livro, que visa ser uma ferramenta para antropólogos, estudantes de Antropologia e demais ciências sociais, e também para estudiosos e pesquisadores de outras áreas que queiram conhecer métodos eficazes de pesquisa.

A expedição geográfica ao norte do Canadá, mais precisamente à Ilha de Baffin, entre os anos de 1883 e 1884, para demonstrar os efeitos do entorno ártico sobre a cultura esquimó, foi essencial para a formação do eminente antropólogo, com uma metodologia de pesquisa que, desde então, é um diferencial na Antropologia moderna. Isso se deu ao conviver com os inuítes, popularmente conhecidos como esquimós, fazendo uma imersão na cultura e na língua desse povo. Boas foi um dos primeiros (para não dizer o primeiro) pesquisadores a desenvolver um trabalho de campo prolongado e sistemático, *in loco*, com informantes privilegiados, algo até então inexpressivo na Antropologia, que estava limitada a construir e desenvolver teorias em gabinetes, com informações duvidosas repassadas por viajantes e missionários.

Embora Bronisław Malinowski (1884-1942) – cuja metodologia é semelhante – seja mais conhecido, Franz Boas é o precursor do método de pesquisa de campo que se desdobraria em outros métodos, alguns dos quais ele mesmo impulsionou como complemento da Etnografia, por exemplo, o *método comparativo*, porém, não isento de críticas. Vale lembrar que Boas nunca se identificou com uma teoria em particular e tampouco criou uma "escola boasiana" de Antropologia. Seu legado está, entre outros, no método de pesquisa desenvolvido, no enfoque dado à Antropologia e nos pesquisadores que formou, dentre eles Margaret Mead, Ruth Benedict, Ruth Bunzel, Edward Sapir, Melville Herskovits, Robert Lowie, o brasileiro Gilberto Freyre, entre tantos outros.

Boas era um pesquisador disciplinado e ponderações criteriosas eram comuns nos seus trabalhos e no daqueles que ele acompanhava como orientador ou professor. Nesse sentido, ele apontou algumas limitações do *método comparativo*, dizendo que "um dos problemas metodológicos importantes da Antropologia é pesquisar até que ponto a distribuição geográfica dos fenômenos culturais pode ser utilizada para a reconstrução histórica".[1] Como antropólogo e geógrafo, ele vai mostrar que o estudo da distribuição geográfica das semelhanças, se utilizado com a devida cautela, pode ser um meio de esclarecer parte da história da humanidade, mas não é suficiente. Ou seja, nesse aspecto, o método comparativo ajuda como ferramenta coadjuvante, mas outros procedimentos metodológicos precisam ser aplicados para se alcançar o maior grau de veracidade dos fatos. Diz Boas que os materiais assegurados pelo método comparativo revelam pelo menos um retrato fragmentado de seu percurso, o que comprova que ele não é suficiente e, portanto, necessita ser complementado com outros métodos de pesquisa.

Constatamos, portanto, a importância que a sua formação prévia teve para a Antropologia e a metodologia de pesquisa por ele desenvolvida nessa área, pois foram as medições geográficas que o levaram a campo e o impulsionaram para o contato cultural com diferentes povos, começando com os esquimós e, posteriormente, após ter migrado para a América, com os nativos dos Estados Unidos, nas suas diversas etnias, cujas pesquisas de campo ajudaram a dar os contornos da Antropologia americana moderna nos moldes que a temos atualmente. Das medições geográficas às medições de formas corporais e de crânios humanos, Franz Boas aplicou os saberes de outras áreas, sobretudo da Geografia, da Física e da Etnologia, e usou da Etnografia para consolidar a Antropologia como uma ciência crível no entendimento da humanidade em aspectos que até então não eram muito esclarecidos – por exemplo, a questão das diferenças raciais, que não significam inferioridade de um povo em relação a outro, mas apenas diferenças culturais. Destarte, Franz Boas contribuiu enormemente para o combate ao preconceito e à discriminação racial, embora muito de suas teorias ainda não seja conhecido, estudado e aplicado.

Desse modo, quando tratamos de método de pesquisa em Antropologia, não podemos prescindir das contribuições de Franz Boas. Essa é a proposta deste livro, que segue a metodologia usada pelo autor. Boas costumava reunir textos seus que considerava mais relevantes e formar grandes obras. Um dos exemplos é *Raça, língua e cultura*, obra monumental em volume e em qualidade, que consiste na reunião de textos selecionados pelo autor e que se tornou referência nos estudos de Antropologia. Outra obra também importante, coletânea de textos de Boas, é *Raça e sociedade democrática*. Tive a honra de traduzir as duas para a língua portuguesa. Nesta última, Boas teve relevante participação na escolha dos textos, porém não chegou a concluí-la nem viu a obra publicada, pois morreu antes da sua conclusão (1942). Este *Método de pesquisa em Antropologia* quis seguir essa mesma proposta. Não foram, obviamente, selecionados pelo autor, mas por mim, que tenho me debruçado sobre as obras de Boas. No entanto, são textos de sua autoria e consistem nos mais notáveis para a compreensão de seu método de pesquisa em Antropologia.

A introdução deste livro foi extraída do introito feito por Franz Boas na coletânea intitulada *General Anthropology*, publicada em 1938. Essa obra consiste numa seleção de textos organizada por Franz Boas e respeitáveis antropólogos, como Ruth Benedict, Ruth Bunzel, Robert H. Lowie, James H. McGregor, entre outros. O texto preambular daquela produção se enquadrou muito bem nesta obra por não só apresentar uma coerente coletânea de textos antropológicos, mas também por tratar diretamente do método de pesquisa em Antropologia. Nessa introdução, Boas aborda, por exemplo, o método arqueológico, um dos primeiros recursos da Antropologia para o estudo da Arqueologia. Desenvolve ainda o método comparativo, uma das ferramentas empregadas pelo autor nos seus trabalhos de campo, com certa parcimônia, pois ele estava ciente de suas limitações e, portanto, como veremos num capítulo exclusivo sobre essa metodologia, usado apenas como método coadjuvante nos trabalhos antropológicos.

Ainda nessa introdução, o autor traz importantes contribuições à Antropologia ao discutir questões como "a reconstrução da história humana", "a determinação dos tipos de fenômenos históricos e suas sequências" e "a dinâmica das mudanças", que são problemas a serem considerados numa pesquisa antropológica e que dependem de métodos sistemáticos para serem estudadas com resultados eficazes. Para isso, o autor assinala a necessidade de uma *Antropologia descritiva*, ou seja, a *Etnologia* propriamente dita, em que os métodos da Etnografia se fazem necessários. Por fim, ele afirma que o objetivo daquele livro (aplicados a este) é apresentar os dados necessários para uma abordagem intelectual dos problemas ali delineados. Desse modo, podemos afirmar também que o objetivo deste livro é apresentar os métodos necessários para uma abordagem sistemática e intelectual dos problemas metodológicos da pesquisa em Antropologia.

O primeiro capítulo desta obra trata das limitações do método comparativo da Antropologia. Já acenamos para essa crítica que Franz Boas faz a esse método, embora o considere um coadjuvante importante nas pesquisas antropológicas. O autor lembra que os primeiros pesquisadores concentraram sua atenção nesse problema puramente histórico e que a tendência agora mudou completamente. Há inclusive antropólogos que afirmam que tais pesquisas pertencem ao historiador e que os estudos antropológicos devem se limitar às pesquisas sobre as leis que governam o desenvolvimento da sociedade. Constatamos que os métodos de pesquisa em Antropologia vão mudando com o passar do tempo e que aquilo que era válido anos atrás, hoje já não tem a mesma eficácia, embora permaneça relevante.

Boas afirma que uma alteração radical de método tem acompanhado essa mudança de ponto de vista. Enquanto, anteriormente, identidades ou similaridades culturais eram consideradas provas incontroversas de conexão histórica, ou mesmo de origem comum, a nova escola se recusava a considerá-las como tal, interpretando-as como resultado do funcionamento uniforme da mente humana. O autor destacou ainda o uso recorrente do método comparativo e afirmou que, naquele momento, esse método vinha sendo muito aplicado nas pesquisas antropológicas. Mostrou que o método era usado para comparar as variações sob as quais os costumes e as crenças ocorriam e que, por meio desse procedimento, havia um esforço por encontrar as causas psicológicas comuns subjacentes a todos eles.

O método comparativo, porém, está sujeito a objeções que são fundamentais e que, portanto, há outros métodos, como o histórico, que ele considera bem mais seguro em muitos aspectos. Franz Boas afirma que os resultados das pesquisas conduzidas com o método histórico podem ser tríplices; podem revelar as condições ambientais que criaram ou modificaram os elementos culturais; esclarecer fatores psicológicos que atuaram na configuração da cultura; ou nos mostrar os efeitos que as conexões históricas tiveram sobre o desenvolvimento da cultura e que com ele temos um meio de reconstruir a história do desenvolvimento das ideias com uma precisão muito maior do que aquela permitida pelas generalizações do método comparativo.

Por esse ângulo o autor acena para a importância do método histórico dizendo que os resultados imediatos desse método são histórias das culturas de diversas tribos tomadas como objeto de estudo. Boas concorda plenamente com os antropólogos que reivindicam não ser esse o propósito último da Antropologia, porque as leis gerais, embora implícitas em tal descrição, não podem ser claramente formuladas, nem seu valor relativo apreciado, sem uma comparação completa dos modos pelos quais elas se tornam manifestas em diferentes culturas, mas insiste que a aplicação desse método é a condição indispensável de um progresso sólido nas pesquisas antropológicas e conclui que esse método é muito mais seguro do que o comparativo, tal como ele é usualmente praticado, porque, em vez de uma hipótese sobre o modo de desenvolvimento, a história real forma a base de nossas deduções.

Boas também explica que a importante função do método histórico da Antropologia parece residir na sua habilidade em descobrir os processos que, em casos definidos, levam ao desenvolvimento de certos costumes. Argumenta que se a Antropologia deseja estabelecer as leis que governam o desenvolvimento da cultura, ela não pode se limitar a apenas comparar os resultados desse desenvolvimento, mas, sempre que possível, deve comparar os processos de desenvolvimento, que podem ser descobertos por intermédio dos estudos das culturas de pequenas áreas geográficas. Insiste que o método comparativo somente pode dar esperança de atingir os efeitos pelos quais tem se empenhado quando basear suas investigações nos resultados históricos de pesquisas dedicadas a esclarecer as complexas relações de cada cultura individual. Assim, o método comparativo para ser eficaz precisa estar atrelado ao método histórico, senão ele se torna uma ferramenta ineficaz para a pesquisa antropológica. Em suma, segundo o autor, o método comparativo, não obstante a tudo o que se vem escrevendo e dizendo em seu louvor, tem sido notavelmente estéril com relação a resultados definitivos.

No segundo capítulo deste livro, Franz Boas nos apresenta os objetivos da Etnologia. É importante recordar que a Etnologia consiste, entre outras coisas, no esforço para desenvolver explicações rigorosas e com base científica dos fenômenos culturais, comparando e contrastando diversas culturas humanas, algo que Franz Boas fez com maestria usando e, ao mesmo tempo criticando o método comparativo.

Esse capítulo consiste numa palestra que Franz Boas proferiu em 8 de março de 1888, em Nova York, e que está disponível na obra *Race, Language and Culture* (1940: 626-38). O autor diz que incluiu esse artigo na referida obra porque ele ilustra bem suas primeiras visões a respeito dos problemas etnológicos. Nesta coletânea, o artigo foi incluído por apresentar metodologicamente os objetivos da Etnologia, ou seja, onde se alcança e como se chegar a tais objetivos.

Boas afirma que a tarefa da Etnologia é o estudo de toda a gama de fenômenos da vida social, por exemplo, língua, costumes, migrações, características corporais etc., que são temas de pesquisa desta ciência. Assim, o primeiro e mais imediato objeto da Etnologia é o estudo da história da humanidade, não apenas o das nações civilizadas, mas de toda a humanidade, desde seus primeiros vestígios encontrados nos resquícios da era do gelo até os tempos atuais. Segundo o autor, o etnólogo deve acompanhar o desenvolvimento gradual das manifestações da cultura e ilustrar com exemplos o objetivo que tem em vista na pesquisa. Exprime que o primeiro objetivo da pesquisa etnológica deve ser a análise crítica das características de cada povo. Essa é a única maneira, segundo ele, de obter uma compreensão satisfatória das culturas encontradas em áreas mais amplas.

Encontramos nessas suas dissertações a afirmação de que a pesquisa dos tipos de pessoas nos leva de volta aos primeiros períodos da vida humana e isso é fundamental para entender o ser humano hoje. Em vista disso, a metodologia deve se basear na permanência das formas anatômicas, mas ela não deve parar por aí. Assevera que outros aspectos são de importância fundamental, como a língua de um povo e as várias mutações que esse povo sofreu ao longo da história. Por essa razão, atesta ele, é importante que no estudo etnológico se pesquise a língua inicial de um povo. Assegura que muitos idiomas sucumbiram sob o influxo de conquistadores, enquanto em outros casos sobreviveram com ligeiras alterações e os idiomas dos conquistadores foram perdidos.

Ainda nesse capítulo Boas vai dizer que, se descobrimos que a Etnologia como ciência histórica está intimamente relacionada com a história da cultura, essa conexão aparece ainda mais próxima quando nos voltamos para a segunda tarefa importante dessa ciência. Revela que uma comparação da vida social de diferentes povos prova que os fundamentos de seu desenvolvimento cultural são notavelmente uniformes. Daí decorrem as leis às quais esse desenvolvimento está sujeito. Sua descoberta talvez seja o segundo objetivo mais importante dessa ciência, afirma o autor.

Franz Boas vai mostrar também nesse capítulo que o estudo detalhado de casos individuais nos obriga a recorrer ao método comparativo, pois os meios de que dispomos para esclarecer a história real das culturas são limitados. Mais uma vez o autor enfatiza o método comparativo como instrumento coadjuvante nas pesquisas etnológicas, apontando para a necessidade do uso de outros métodos que, por sua vez, também não serão suficientes se usados isoladamente. Explica: "Os outros métodos que discutimos também são de pouca utilidade. Em todos esses casos, nada mais resta senão comparar os fenômenos sociais de áreas distintas e basear nossas deduções em suas semelhanças e dissemelhanças". Por fim, diz que a Etnologia pode contribuir com novas ideias para outras ciências, tais como a Psicologia, a Filosofia e a História. Recorda que a Etnologia lida com a história dos povos primitivos e que seus destinos se repetem sob condições mais simples, em menor escala, ou seja, os mesmos tipos de eventos que ocorrem na história de nossa complexa civilização também estavam presentes nos primórdios, porém, de outras formas.

Após tratar dos objetivos da Etnologia achamos importante incluir um texto sobre os métodos propriamente ditos dessa ciência. Assim, o terceiro capítulo versa sobre os métodos da Etnologia, que, segundo Boas, são usados na Europa, e são essencialmente formas de classificação dos fenômenos estáticos da cultura segundo dois princípios distintos; interpretam-se essas classificações como se elas fossem dotadas de classificação histórica, sem se fazer, contudo, qualquer tentativa de provar que essa interpretação é justificada. Trata-se, portanto, de uma crítica que o autor faz a alguns métodos de Etnologia usados na Europa que se resumem em classificações. Nesse ínterim, acena para novos métodos usados nos Estados Unidos, dos quais ele é o maior expoente. Assegura que, embora as pesquisas etnográficas apoiadas nessas duas hipóteses fundamentais pareçam caracterizar a tendência geral do pensamento europeu, um método diverso vem sendo adotado atualmente pela maioria dos antropólogos norte-americanos. Declara que a diferença entre os dois caminhos de estudo do ser humano talvez possa ser mais bem resumida na afirmação de que os pesquisadores norte-americanos estão, sobretudo, interessados nos fenômenos dinâmicos da mudança cultural, e que tentam elucidar a história da cultura pela aplicação dos resultados de seus estudos e que relegam a solução da questão final sobre a importância relativa do paralelismo do desenvolvimento cultural em áreas distantes em oposição à difusão em escala mundial e à estabilidade de traços culturais por longos períodos de tempo a uma época futura, em que as condições reais de mudança cultural sejam mais bem conhecidas.

Boas afirma, no entanto, que os métodos etnológicos norte-americanos são análogos aos da arqueologia europeia, em particular a escandinava, e aos das pesquisas sobre a préhistória no Mediterrâneo oriental. Em suma, o autor mostra que apesar de haver certa similaridade ou continuidade nos métodos de pesquisas europeus, os métodos norte-americanos apontam avanços nos procedimentos metodológicos da pesquisa em Etnologia. Enfim, assegura que o método que estava tentando desenvolver baseia-se num estudo das mudanças dinâmicas da sociedade que podem ser observadas no tempo presente e que se abstém de tentar solucionar os problemas fundamentais do desenvolvimento geral da civilização até que estivesse apto a esclarecer os processos que ocorrem diante de si.

O quarto capítulo apresenta alguns problemas apontados por Franz Boas sobre a metodologia nas Ciências Sociais. Embora o assunto já tenha sido abordado anteriormente, nesse texto o autor esmiúça esses problemas e aponta caminhos, além de avanços, para os métodos de pesquisa em Antropologia. Dessa maneira, nesse capítulo Boas alerta sobre alguns perigos que o antropólogo pode correr e incorrer em relação ao uso de certas metodologias de pesquisa e explica que nessas pesquisas temos de nos precaver contra um perigo em particular: podemos encontrar similaridades objetivas que nos dão uma impressão enganosa de identidade, quando de fato estamos lidando com fenômenos bastante distintos. Alerta que as considerações esmiuçadas nesse capítulo nos levam a outro problema metodológico: as tentativas de correlacionar diversos aspectos da cultura que suscitam a necessidade de um estudo da dinâmica de sua interrelação. O material a nosso dispor, afirma ele, é a descrição analítica das formas culturais. Essa situação, e mais as dificuldades práticas da pesquisa etnológica, faz com que a maior parte do material disponível seja por demais padronizado.

O último capítulo deste livro trata dos métodos de pesquisa em Antropologia propriamente dita. Extraído de *General Anthropology* (1938: 666-686), coletânea organizada pelo autor e que reúne textos de colegas da área. Aqui Boas se aprofunda sobre a metodologia de pesquisa em Antropologia. Embora seja um texto acadêmico, portanto, um tanto quanto hermético e prolixo, muitas informações importantes podem ser extraídas desse trabalho e servem, sobretudo, para estudantes e pesquisadores em Antropologia.

No final deste livro encontram-se as referências bibliográficas das obras de onde os textos de Franz Boas foram extraídos, bem como as citações dos originais onde eles se encontram, pois parte dessas matérias são artigos que foram publicados antes em revistas científicas e anais de congressos.

Que este livro possa ser uma ferramenta de pesquisa e atuação dos estudiosos de Antropologia e demais ciências sociais. Ele é um complemento às outras obras de Franz Boas que vêm sendo traduzidas no Brasil.

José Carlos Pereira

Nota

[1] Cf. BOAS, Franz (Ed.). *General Anthropology*. New York, D. C. Heath and Company, 1938, p. 3.

Introdução

Assunto: A história da humanidade. A ciência da Antropologia lida com a história da sociedade humana. Ela difere da história no sentido mais restrito do termo, pois suas pesquisas não se limitam aos períodos para os quais os registros escritos estão disponíveis e aos povos que desenvolveram a arte da escrita. As pesquisas antropológicas se estendem por toda a humanidade, independentemente do tempo e do espaço. A pesquisa histórica se estende hesitantemente para além do domínio dos registros escritos. Restos arqueológicos e posteriores, e sobreviventes dos primeiros tempos antigos que persistem na cultura moderna, são utilizados para estender o espaço de tempo e preencher detalhes para os quais os registros escritos não estão disponíveis. Nessas buscas, os campos da Antropologia e da História estão em estreito contato.

Como a Antropologia trata da humanidade como um todo, o problema do surgimento do ser humano e sua ascensão das formas inferiores, a diferenciação das raças humanas e o desenvolvimento das línguas e das formas culturais estão incluídos em seu campo de pesquisa. Toda manifestação da vida humana deve ser utilizada para esclarecer a marcha dos acontecimentos históricos.

Na pesquisa antropológica relacionada aos tempos e aos povos primitivos, o indivíduo raramente aparece. Para os tempos pré-históricos não existe registro de atividade individual, e a tradição dos povos iletrados não dá nenhuma pista de valor considerável ou confiabilidade para esclarecer a influência dos indivíduos sobre os eventos históricos. Na história geral da humanidade, o indivíduo desaparece no grupo social ao qual pertence. Entre os povos sem escrita, os processos dinâmicos que moldam a história devem ser estudados principalmente por meio da observação das gerações vivas.

Métodos: Arqueologia. Pode-se perguntar se é possível reconstruir a história da humanidade quando não há registros escritos dos eventos. Os restos arqueológicos podem ser colocados em ordem cronológica por um estudo da sequência de jazidas em que são encontradas. Em condições favoráveis, como na Escandinávia, a regularidade das jazidas permite inclusive uma determinação cronológica bastante precisa de sua idade. Em outros casos, também é possível uma cronologia absoluta aproximada por meio de provas geológicas ou outra evidência.

Algumas vezes os vestígios podem ser datados por meio de associação com objetos de idade conhecida que pertencem a culturas vizinhas para as quais há registros escritos disponíveis. Assim, muitos dos restos de culturas passadas da Europa foram datados com um grau razoável de confiabilidade. Os registros escritos do Egito e da Ásia Ocidental lançam luz sobre a história dos povos europeus contemporâneos que conheciam a escrita.

A Arqueologia, no entanto, não pode fazer mais do que nos dar um registro parcial da vida do ser humano. Quanto mais antigo o tempo da jazida e quanto mais desfavorável o clima para a preservação dos objetos, mais fragmentários serão os vestígios, pois somente o material mais resistente permanecerá além da devastação do tempo. Mesmo nas condições mais favoráveis, somente os vestígios da cultura material do ser humano serão preservados. Nada relativo aos aspectos intangíveis da vida pode ser resgatado com a ajuda da pá. Assim, podemos aprender sobre os tipos de esqueletos, os implementos e utensílios utilizados, as etapas de sua fabricação; mas nenhuma informação sobre línguas, costumes e crenças está disponível. Estes são evanescentes, e não haveria maneira de recuperá-los se não deixassem vestígios na vida das gerações posteriores.

Métodos: Comparativo. A ciência da linguística mostra mais claramente como e em que medida as condições encontradas no momento atual podem ser utilizadas para reconstruir o passado. A história escrita de algumas línguas europeias transporta-nos para períodos que remontam a séculos antes de nossa era. O sânscrito é conhecido por períodos ainda mais antigos. A ciência linguística, comparando as formas atuais de fala e seu desenvolvimento conhecido, permitiu-nos reconstruir a história das palavras e das formas gramaticais e demonstrar que a maioria das línguas da Europa e muitas das línguas da Ásia Ocidental derivam de uma origem basilar comum que, com o passar do tempo, deu origem à diferenciação das línguas modernas. A língua antiga não pode ser reconstruída, mas as formas prováveis de muitas raízes e, em parte, a maneira de seu tratamento gramatical, podem ser descobertas. A comparação de formas relacionadas lança luz sobre a história de sua diferenciação. A experiência tem mostrado que estudos desse tipo, particularmente em línguas para as quais não existem registros históricos, devem ser realizados com muita cautela, porque as semelhanças acidentais que ocorrem nas formas de fala de partes remotas do mundo podem facilmente dar uma impressão errônea de relacionamento. Por essa razão, a contiguidade geográfica não deixa de ser importante na interpretação de semelhanças isoladas em vocabulário ou gramática.

Limitações do método comparativo. O estudo de formas culturais pode se valer de métodos semelhantes. A distribuição geográfica dos mesmos traços culturais ou de traços culturais decididamente semelhantes pode ser utilizada para a reconstrução da difusão e desenvolvimento cultural. Quando ocorrem apenas semelhanças culturais leves e acidentais, é necessário cautela ao assumir conexões históricas.

Um dos maiores problemas metodológicos da Antropologia é saber até que ponto a distribuição geográfica dos fenômenos culturais pode ser utilizada para a reconstrução histórica. A simples conexão histórica pode ser interpretada de diversas maneiras, pois normalmente não há provas de sequência cronológica. A difusão pode ter ocorrido em pelo menos duas direções opostas, de modo que talvez seja impossível determinar a origem dos elementos culturais. Também não se tem certeza se determinada fase da cultura não é antes o desenvolvimento local de um traço antigo amplamente difundido que floresceu do que a fonte da qual surgiu o traço mais generalizado.

Problemas semelhantes nos confrontam, embora não na mesma medida, no estudo da forma física. Quando o mesmo tipo físico ocorre entre os habitantes de países vizinhos, há poucas dúvidas quanto à sua origem comum. Quando pequenas semelhanças são encontradas em regiões distantes, é concebível que isso se deva à origem comum ou ao desenvolvimento biológico paralelo.

O estudo da distribuição geográfica das semelhanças, se utilizado com a devida cautela, é um meio de esclarecer parte da história da humanidade. Os materiais assegurados por esses métodos revelam pelo menos um retrato fragmentado de seu percurso.

Problemas das leis de desenvolvimento histórico. Quando esses dados são reunidos, surge a questão se eles apresentam um quadro ordenado, ou se a história prossegue ao acaso; em outras palavras, se um desenvolvimento ortogenético das formas humanas pode ser descoberto e se uma sequência regular de estágios de desenvolvimento histórico pode ser reconhecida. Se isso fosse verdade, poderiam ser formuladas leis definitivas que governassem as sequências históricas.

Sequências históricas. Esses problemas podem ser abordados a partir de dois pontos de vista. Podemos comparar as sequências observadas e ver se em todas as partes do mundo elas se enquadram em ordem regular ou se cada área tem seu próprio caráter peculiar que não é comparável com as sequências observadas em outros distritos.

Dinâmica de mudança. Podemos também estudar as mudanças que estão acontecendo diante de nós em vários países e observar como elas são provocadas. Se forem encontradas fontes homólogas de mudança, elas podem ser chamadas de leis de mudança social, e podemos esperar que se manifestem em todos os países e entre todos os povos. As mudanças biológicas, linguísticas e culturais podem ser estudadas sob este ângulo. Para essas pesquisas, temos que entender as interrelações entre indivíduo e sociedade: a vida do indivíduo controlada por sua experiência social, e as modificações que a sociedade sofre por meio das ações dos indivíduos. Devemos também questionar se a sociedade como um todo sofre mudanças autônomas, biológicas, linguísticas e culturais, nas quais o indivíduo desempenha um papel passivo. Podemos chamar esse assunto de dinâmica de mudança cultural.

Desafios da Antropologia. Essas considerações nos permitem definir três grandes problemas da Antropologia:

1. A reconstrução da história humana.
2. A determinação dos tipos de fenômenos históricos e suas sequências.
3. A dinâmica da mudança.

Esses problemas devem ser pesquisados nos domínios dos fenômenos biológicos e sociais. Estes últimos incluem a linguagem, cujo estudo, devido às suas exigências técnicas, é melhor se separado de outras manifestações culturais.

Aspectos da cultura. Ser humano e natureza. A cultura em si é multifacetada. Ela inclui a multiplicidade de relações entre o ser humano e a natureza; a obtenção e preservação de alimentos; a garantia de abrigo; as formas pelas quais os objetos da natureza são usados como implementos e utensílios; e todas as diversas formas pelas quais o ser humano utiliza ou controla, ou é controlado por seu ambiente natural: animais, plantas, o mundo inorgânico, as estações do ano, o vento e o clima.

Humanos e humanos. Um segundo grande grupo de fenômenos culturais diz respeito à interrelação entre membros de uma única sociedade e entre aqueles que pertencem a sociedades diferentes. Nele estão incluídos os laços de família, de tribo e de uma variedade de grupos sociais, bem como a gradação de posição e influência; as relações entre os gêneros e entre velhos e jovens; e em sociedades mais complexas toda a organização política e religiosa. Aqui pertencem também as relações ou grupos sociais em guerra e paz.

Aspectos subjetivos. Um terceiro grupo consiste nas reações subjetivas do ser humano a todas as manifestações da vida contidas nos dois primeiros grupos. Estas são de natureza intelectual e emocional e podem ser expressas tanto em pensamento e sentimento como em ação. Elas incluem todas as atitudes racionais e aquelas valorações que incluímos sob os termos da ética, da estética e da religião.

Interrelações entre os vários aspectos da vida social. Em uma apresentação sistemática dos dados da Antropologia, somos compelidos a tratar esses assuntos separadamente. Não obstante, a vida biológica e cultural do ser humano é um todo, e não podemos fazer justiça a todos os problemas importantes da história humana se tratarmos a vida social como se fosse a soma desses elementos separados. É necessário compreender a vida e a cultura como uma coisa só.

Antropologia descritiva. Uma Antropologia descritiva representaria a vida de todos os povos do mundo e de todos os tempos. Certos tipos podem ser selecionados, e uma série de povos aparecerá como variedades de tais tipos. De acordo com a finalidade da apresentação, a ordem pode ser geográfica, principalmente se for destinada a elucidar a ordem dos fenômenos culturais no tempo e no espaço; ou pode ser de acordo com tipos, se o objetivo for o estudo de leis de sequência ou a investigação de relações dinâmicas.

Antropologia, História e Sociologia. Enquanto os resultados do primeiro arranjo conectam a Antropologia com a História, os do segundo a conectam com a Sociologia. Se sequências culturais regulares pudessem ser encontradas, elas representariam um ciclo histórico ordenado. Se as leis da sequência e da dinâmica social pudessem ser encontradas, essas seriam leis sociológicas. Uma das principais tarefas da Antropologia é determinar até que ponto tais sequências regulares e leis sociológicas existem.

Quando essa tarefa for realizada, o principal problema — o de compreender uma cultura como um todo — permanece. Nem a história nem as leis sociológicas ajudam a chegar a uma conclusão. A história pode nos dizer as fontes das quais foram derivadas a forma física, os costumes e as crenças, mas não traz nenhuma informação sobre a maneira como um povo se comportará devido às características transmitidas. A Sociologia pode nos ensinar a morfologia e a dinâmica geral da sociedade; ela nos dará apenas uma visão parcial da complexa interação de forças, de modo que não é possível prever o comportamento resultante dos eventos históricos que fizeram um povo sentir-se como tal. Esse problema é essencialmente um problema psicológico e cercado por todas as dificuldades inerentes à pesquisa de fenômenos mentais complexos da vida dos indivíduos.

Objetivo do livro. O objetivo deste livro é apresentar os dados que são necessários para uma abordagem intelectual dos problemas aqui delineados.

As limitações do método comparativo da Antropologia

A Antropologia moderna descobriu que a sociedade humana cresceu e se desenvolveu em todos os lugares de maneira tal que suas formas, suas opiniões e suas ações têm muitas características fundamentais em comum. Essa importante descoberta sugere a existência de leis que regem o desenvolvimento da sociedade e que elas são aplicáveis à nossa sociedade, bem como às de tempos passados e de terras distantes; que seu conhecimento será um meio de entender as causas que promovem e retardam a civilização; e que, guiados por esse conhecimento, podemos esperar governar nossas ações de modo que delas advenham o maior benefício para a humanidade. Desde que essa descoberta foi claramente formulada, a Antropologia começou a receber aquela parcela de interesse público que lhe foi negada, desde que se acreditou que ela não poderia fazer mais do que registrar os curiosos costumes e crenças de povos estrangeiros; ou, na melhor das hipóteses, traçar suas relações e assim elucidar as primeiras migrações das raças humanas e as afinidades entre os povos.

Embora os primeiros pesquisadores tenham concentrado sua atenção nesse problema puramente histórico, a tendência agora mudou completamente; há inclusive antropólogos que declaram que tais pesquisas pertencem ao historiador e que os estudos antropológicos devem se limitar às pesquisas sobre as leis que governam o desenvolvimento da sociedade.

Uma alteração radical de método tem acompanhado essa mudança de ponto de vista. Enquanto, anteriormente, identidades ou similaridades culturais eram consideradas provas incontroversas de conexão histórica ou mesmo de origem comum, a nova escola se recusa a considerá-las como tal, interpretando-as como resultado do funcionamento uniforme da mente humana. O mais pronunciado adepto dessa visão no nosso país é o dr. D. G. Brinton, e, na Alemanha, a maioria dos seguidores de Bastian, que a esse respeito vão muito além do próprio mestre. Outros, embora não neguem a ocorrência de conexões históricas, consideram seus resultados e sua importância teórica insignificantes, quando comparados ao trabalho das leis uniformes que governam a mente humana. Tal é a visão da grande maioria dos antropólogos vivos.

Esse moderno ponto de vista está fundamentado na observação de que os mesmos fenômenos étnicos ocorrem entre os mais diversos povos, ou, como diz Bastian, na espantosa monotonia das ideias fundamentais da humanidade em todo o planeta. As noções metafísicas do ser humano podem ser reduzidas a poucos tipos que têm distribuição universal; o mesmo ocorre com relação às formas de sociedade, leis e invenções. Além disso, as ideias mais complicadas e aparentemente ilógicas e os costumes mais curiosos e complexos aparecem entre algumas poucas tribos aqui e ali, de tal maneira que fica excluída a suposição de uma origem histórica comum. Quando se estuda a cultura de uma tribo qualquer, podem ser encontrados traços análogos mais ou menos próximos de traços singulares de tal cultura numa grande diversidade de povos. Exemplos dessas analogias têm sido amplamente colecionados por Tylor, Spencer, Bastian, Andree, Post e muitos outros, sendo, portanto, desnecessário dar aqui qualquer prova detalhada desse fato. A ideia de uma vida futura; um xamanismo subjacente; invenções tais como o fogo e o arco; certas características elementares de estrutura gramatical — são elementos que sugerem o tipo de fenômenos aos quais me refiro. Dessas observações deduz-se que, quando encontramos traços de cultura singulares análogos entre povos distantes, pressupõe-se não que tenha havido uma fonte histórica comum, mas que eles se originaram de modo independente.

A descoberta dessas ideias universais, contudo, é apenas o começo do trabalho do antropólogo. A indagação científica precisa responder a duas questões em relação a elas: primeiro, quais as suas origens? Segundo: como elas se afirmaram em várias culturas?

A segunda questão é a mais fácil de responder. As ideias não existem de forma idêntica por toda parte: elas variam. Tem-se acumulado material suficiente para mostrar que as causas dessas variações são tanto externas, isto é, baseadas no ambiente — tomando o termo "ambiente" em seu sentido mais amplo —, quanto internas, isto é, fundadas sobre condições psicológicas. A influência dos fatores externos e internos sobre ideias elementares corporifica um grupo de leis que governa o desenvolvimento da cultura. Portanto, nossos esforços precisam ser direcionados no sentido de mostrar como tais fenômenos modificam essas ideias elementares.

O primeiro método que se oferece, e que tem sido muitas vezes adotado pelos antropólogos modernos, é isolar e classificar causas; agrupando as variantes de certos fenômenos etnológicos de acordo com as condições externas em que vivem os povos entre os quais elas são encontradas, ou de acordo com causas internas que influenciam a mente desses povos; ou, inversamente, agrupando essas variantes de acordo com suas similaridades. Podem-se encontrar, assim, condições correlatas de vida.

Por esse método começamos a reconhecer, mesmo que ainda com conhecimento imperfeito dos fatos, que causas podem ter operado na formação da cultura humana. Friedrich Ratzel e W. J. McGee pesquisaram a influência do ambiente geográfico sobre uma base mais ampla de fatos do que Ritter e Guyot foram capazes de fazer em seu tempo. Os sociólogos têm feito importantes estudos sobre os efeitos da densidade populacional e de outras causas sociais simples. Desse modo, a influência de fatores externos sobre o desenvolvimento da sociedade está se tornando mais clara.

Da mesma maneira, também estão sendo estudados os efeitos dos fatores psíquicos. Stoll tentou isolar o fenômeno da sugestão e do hipnotismo e estudar os efeitos de sua presença nas culturas de vários povos. Pesquisas sobre as relações mútuas de tribos e povos começaram a mostrar que certos elementos culturais são facilmente assimilados, enquanto se rejeitam outros, e frases desgastadas a respeito da imposição cultural de um povo mais altamente civilizado sobre outro, de cultura inferior, que tenha sido conquistado, estão dando lugar a visões mais minuciosas sobre o tema do intercâmbio de realizações culturais. Em todas essas pesquisas estamos usando métodos sólidos e indutivos, a fim de isolar as causas dos fenômenos observados.

A outra questão a respeito das ideias universais, isto é, sobre sua origem, é muito mais difícil de tratar. Muitas tentativas têm sido feitas no sentido de descobrir as causas que levaram à formação de ideias "que se desenvolvem com necessidade férrea, onde quer que o ser humano viva". Esse é o problema mais difícil da Antropologia, e ainda por um longo tempo devemos esperar que ele frustre as nossas tentativas. Bastian nega que seja possível descobrir as fontes últimas de invenções, ideias, costumes e crenças que são de ocorrência universal. Elas podem ser autóctones ou importadas, podem ter se originado de várias causas, mas estão lá. A mente humana é formada de tal modo que as inventa espontaneamente ou aceita-as em qualquer ocasião em que lhe são oferecidas. Essa é a ideia elementar e muito mal compreendida de Bastian.

Em certa medida, a clara enunciação da ideia elementar nos dá a razão psicológica para sua existência. Exemplificando: o fato de que a terra das sombras seja tão frequentemente localizada no Oeste sugere o esforço de situá-la no lugar em que o sol e as estrelas desaparecem. A mera declaração de que o ser humano primitivo considera os animais dotados de todas as qualidades humanas mostra que a analogia entre muitas qualidades dos animais e dos seres humanos leva à generalização de que todas as qualidades dos animais são humanas.

Em outros exemplos, as causas não são tão evidentes. Assim, é difícil responder por que todas as línguas distinguem entre o eu, a pessoa com quem se fala e a pessoa de quem se fala, enquanto a maioria delas não estende essa distinção à forma plural. O princípio, quando utilizado consistentemente, exige que exista no plural uma distinção entre o "nós" que expressa o orador e a pessoa com quem se fala, e o "nós" que expressa o orador e a pessoa de quem se fala; distinção encontrada apenas relativamente em poucas línguas. O menor risco de ocorrerem mal-entendidos no uso do plural em parte justifica esse fenômeno, embora dificilmente de modo adequado. Em outros casos, a base psicológica é ainda mais obscura, por exemplo, nos costumes matrimoniais amplamente difundidos. Prova da dificuldade da questão é a multiplicidade de hipóteses que têm sido inventadas para explicá-la em todas as suas variadas fases.

Ao tratar esse problema, o mais difícil da Antropologia, o ponto de vista é que se um fenômeno etnológico se desenvolveu independentemente em vários lugares, esse desenvolvimento é o mesmo em toda parte; ou, dito de outra forma, que os mesmos fenômenos etnológicos encontrados em diversas regiões são prova de que a mente humana obedece às mesmas leis em todos os lugares. É obvio que essa generalização não se sustentaria, caso desenvolvimentos históricos diferentes pudessem conduzir aos mesmos resultados. Sua existência nos apresentaria um problema totalmente diferente, a saber, como é que o desenvolvimento da cultura tão frequentemente leva aos mesmos resultados. É preciso compreender com clareza, portanto, que, quando compara fenômenos culturais similares de várias partes do mundo, a fim de descobrir a história uniforme de seu desenvolvimento, a pesquisa antropológica supõe que o mesmo fenômeno etnológico tenha se desenvolvido em todos os lugares da mesma maneira. Aqui reside a falha no argumento do novo método, pois essa prova não pode ser dada. Até o exame mais superficial mostra que os mesmos fenômenos podem se desenvolver por uma multiplicidade de caminhos.

Darei alguns exemplos. Tribos primitivas são quase universalmente divididas em clãs que possuem totens. Não pode haver dúvida de que essa forma de organização social surgiu repetidas vezes de modo independente. Certamente se justifica a conclusão de que as condições psíquicas do ser humano favorecem a existência de uma organização totêmica da sociedade, mas daí não decorre que toda sociedade totêmica tenha se desenvolvido em todos os lugares da mesma maneira. O dr. Washington Matthews acredita que os totens dos navajos tenham se originado pela associação de clãs independentes. O capitão Bourke presume que ocorrências similares deram origem aos clãs dos apaches; e o dr. Fewkes chegou à mesma conclusão com relação a algumas tribos pueblos. Por outro lado, temos prova de que os clãs podem se originar por divisão. Eu mostrarei que tais eventos ocorreram entre os índios da costa norte do Pacífico. A associação de pequenas tribos, por um lado, e a desintegração de tribos que aumentaram de tamanho, por outro, têm levado a resultados que em tudo parecem idênticos.

Para dar outro exemplo: pesquisas recentes sobre arte primitiva têm mostrado que os desenhos geométricos se originaram algumas vezes de formas naturalistas que foram gradualmente convencionalizadas, outras vezes, a partir de motivos técnicos, e ainda em outros casos, eram geométricos desde a origem, ou que derivaram de símbolos. As mesmas formas se desenvolveram a partir de todas essas fontes. Com base em desenhos representando diversos objetos, surgiram, no transcorrer do tempo, gregas, meandros, cruzes etc. Portanto, a ocorrência frequente dessas formas não prova nem uma origem comum, nem que elas tenham sempre se desenvolvido de acordo com as mesmas leis psíquicas. Pelo contrário, o mesmo resultado pode ter sido alcançado por quatro linhas diferentes de desenvolvimento e de um número infinito de pontos de partida.

Mais um exemplo pode ser oportuno. O uso de máscaras é encontrado num grande número de povos. A origem do costume não é absolutamente clara em todos os casos, mas podem-se distinguir com facilidade algumas formas típicas de uso. As máscaras são usadas para enganar os espíritos quanto à identidade daquele que as usa. O espírito da doença que pretende atacar a pessoa não a reconhece quando ela está de máscara, e esta serve, assim, como proteção. Em outros casos a máscara representa um espírito personificado pelo mascarado, que, dessa forma, afugenta outros espíritos hostis. Outras máscaras, ainda, são comemorativas. O mascarado encarna uma pessoa morta cuja memória deve ser relembrada. Máscaras também são empregadas em representações teatrais para ilustrar incidentes mitológicos.[1]

Esses poucos dados bastam para mostrar que o fenômeno étnico pode se desenvolver a partir de diferentes fontes. Quanto mais simples o fato observado, mais provável é que ele possa ter se desenvolvido de uma fonte aqui e de outra ali.

Desse modo, reconhecemos que a suposição fundamental tão frequentemente formulada pelos antropólogos modernos não pode ser aceita como verdade em todos os casos. Não se pode dizer que a ocorrência do mesmo fenômeno sempre se deve às mesmas causas, nem que ela prove que a mente humana obedece às mesmas leis em todos os lugares. Temos que exigir que as causas a partir das quais o fenômeno se desenvolveu sejam pesquisadas, e que as comparações se restrinjam àqueles fenômenos que se provem ser efeitos das mesmas causas. Devemos insistir para que essa pesquisa seja preliminar a todos os estudos comparativos mais amplos. Nas pesquisas sobre sociedades tribais, aquelas que se desenvolveram por associação precisam ser tratadas separadamente das que se desenvolveram por desintegração. Desenhos geométricos originados de representações convencionalizadas de objetos naturais precisam ser analisados à parte com relação àqueles que se originaram de motivos técnicos. Em suma, antes de se tecerem comparações mais amplas, é preciso comprovar a comparabilidade do material.

Os estudos comparativos a que me refiro tentam explicar costumes e ideias de notável similaridade encontradas aqui e ali. Mas eles também têm o objetivo mais ambicioso de descobrir as leis e a história da evolução da sociedade humana. O fato de que muitos aspectos fundamentais da cultura sejam universais, ou que pelo menos ocorram em muitos lugares isolados, quando interpretados segundo a suposição de que os mesmos aspectos devem ter se desenvolvido a partir das mesmas causas, leva à conclusão de que existe um grande sistema pelo qual a humanidade se desenvolveu em todos os lugares; e que todas as variações observadas não passam de detalhes menores dessa grande evolução uniforme. É claro que essa teoria tem como base lógica a suposição de que os mesmos fenômenos se devem sempre às mesmas causas. Para dar um exemplo: há muitos tipos de estruturas familiares. Pode-se provar que famílias patrilineares têm frequentemente se desenvolvido a partir de famílias matrilineares. Por conseguinte, afirma-se que todas as famílias patrilineares se desenvolveram a partir de famílias matrilineares. Se não supusermos que os mesmos fenômenos se desenvolveram em todos os lugares sempre a partir das mesmas causas, poderemos igualmente concluir que as famílias patrilineares, em alguns casos, derivaram de instituições matrilineares; e, em outros casos, de outros caminhos. Para dar mais um exemplo: muitas concepções sobre a vida futura evidentemente se desenvolveram de sonhos e alucinações. Assim sendo, afirma-se que todas as noções desse tipo tiveram a mesma origem. Isso só seria verdade se nenhuma outra causa pudesse ter levado às mesmas ideias.

Vimos que os fatos não favorecem absolutamente a suposição da qual aqui falamos; muito pelo contrário, eles apontam na direção oposta. Dessa maneira, devemos também considerar que todas as engenhosas tentativas de construção de um grande sistema da evolução da sociedade têm valor muito duvidoso, a menos que se prove também que os mesmos fenômenos tiveram sempre a mesma origem. Até que isso seja feito, o pressuposto mais aceitável é que o desenvolvimento histórico pode ter seguido cursos variados.

É bom reafirmar, nesse momento, um dos objetivos principais da pesquisa antropológica. Concordamos que existem certas leis que regem o desenvolvimento da cultura humana e nos empenhamos para descobri-las. O objetivo de nossa pesquisa é descobrir os *processos* pelos quais certos estágios culturais se desenvolveram. Os costumes e as crenças, em si mesmos, não constituem a finalidade última da pesquisa. Queremos saber as razões pelas quais tais costumes e crenças existem — em outras palavras, desejamos descobrir a história de seu desenvolvimento. O método atualmente mais aplicado em investigação dessa natureza compara as variações sob as quais os costumes e as crenças ocorrem e se esforça por encontrar a causa psicológica comum subjacente a todos eles. Afirmei que esse método está sujeito a uma objeção fundamental.

Temos outro método que em muitos aspectos é bem mais seguro. O estudo detalhado de costumes em sua relação com a cultura total da tribo que os pratica, em conexão com uma pesquisa de sua distribuição geográfica entre tribos vizinhas, propicia-nos quase sempre um meio de determinar com considerável precisão as causas históricas que levaram à formação dos costumes em questão e os processos psicológicos que atuaram em seu desenvolvimento. Os resultados das pesquisas conduzidas por esse método podem ser tríplices. Eles podem revelar as condições ambientais que criaram ou modificaram os elementos culturais; esclarecer fatores psicológicos que atuaram na configuração da cultura; ou nos mostrar os efeitos que as conexões históricas tiveram sobre o desenvolvimento da cultura.

Nesse método, temos um meio de reconstruir a história do desenvolvimento das ideias com uma precisão muito maior do que aquela permitida pelas generalizações do método comparativo. Esse sempre precisa proceder a partir de um modo hipotético de desenvolvimento, cuja probabilidade pode ser avaliada, com maior ou menor precisão, por meio de dados observados. Mas até agora ainda não vi qualquer tentativa mais ampla de provar a correção de uma teoria testando-a por desenvolvimentos com histórias com as quais estamos familiarizados. Amarrar fenômenos na camisa de força de uma teoria é o oposto do processo indutivo, pelo qual se podem derivar as relações reais de fenômenos definidos. Este último é o muito ridicularizado método histórico. Decerto sua maneira de proceder não é mais a dos primeiros tempos, quando similaridades superficiais entre culturas eram consideradas provas de relacionamento entre elas, embora o método reconheça devidamente os resultados obtidos pelos estudos comparativos. Sua aplicação se baseia, em primeiro lugar, num território geográfico pequeno e bem definido, e suas comparações não são entendidas além dos limites da área cultural que forma a base de estudo. Apenas quando os resultados definidos com relação a essa área forem obtidos será permitido estender o horizonte além desses limites. Mas é preciso tomar o máximo de cuidado para não proceder muito apressadamente, pois do contrário a proposição fundamental que formulei antes poderia ser ignorada, ou seja, quando encontramos analogia de traços singulares de cultura entre povos distantes, não devemos supor que tenha havido uma causa histórica comum, mas que eles tenham se originado independentemente. Desse modo, a pesquisa precisa procurar sempre a continuidade de distribuição como uma das condições essenciais para provar a conexão histórica, e a suposição de elos perdidos deve ser aplicada o mais parcimoniosamente possível. Essa nítida distinção entre o novo e o antigo método histórico tem sido frequentemente ignorada pelos defensores apaixonados do método comparativo. Eles não consideram as diferenças entre o uso indiscriminado de similaridades culturais para provar uma conexão histórica e o estudo lento, cuidadoso e detalhado de fenômenos locais. Já não acreditamos mais que semelhanças superficiais entre culturas da América Central e da Ásia Oriental são prova satisfatória e suficiente de uma conexão histórica. Por outro lado, nenhum observador imparcial negará que há fortes razões para se acreditar que um número limitado de elementos culturais encontrados no Alasca e na Sibéria têm uma origem comum. As similaridades de invenções, costumes e crenças, somadas à continuidade de sua distribuição numa área limitada, são provas satisfatórias de que essa opinião está correta. Mas não é possível estender essa área com segurança além dos limites do rio Colúmbia, na América do Norte, e do norte do Japão, na Ásia. Esse método de pesquisa antropológica é representado em nosso país por F. W. Putnam e Otis T. Mason; na Inglaterra, por E. B. Tylor; na Alemanha, por Friedrich Ratzel e seus seguidores.

Parece necessário dizer aqui algo em relação a uma objeção a meus argumentos, que será levantada por pesquisadores que defendem a similaridade de ambiente geográfico como causa suficiente para a similaridade cultural, o que equilaveria dizer, por exemplo, que as condições geográficas das planícies da bacia do Mississippi tornam inevitável o desenvolvimento de uma determinada cultura. Horatio Hale chega ao ponto de acreditar que as similaridades de formas de linguagem podem ser atribuídas a causas ambientais. O meio ambiente exerce um efeito limitado sobre a cultura humana, mas não vejo fatos que possam sustentar a visão de que ele é o modelador primário da cultura. Uma rápida revisão de povos e tribos do nosso planeta mostra que os povos mais diversos em termos de cultura e linguagem vivem sob as mesmas condições geográficas, como se pode comprovar na etnografia da África Oriental ou da Nova Guiné. Em ambas as regiões se encontra uma grande diversidade de costumes em áreas pequenas. Muito mais importante é que não há qualquer dado observado em apoio a essa hipótese que não seja muito melhor explicado pelos fatos bem conhecidos da difusão cultural; tanto a Arqueologia quanto a Etnografia nos ensinam que o intercâmbio entre tribos vizinhas sempre existiu e estendeu-se sobre áreas imensas. No Velho Mundo, produtos do Báltico chegaram ao Mediterrâneo, e artesanato do Mediterrâneo Oriental alcançou a Suécia. Na América do Norte, conchas marinhas foram encontradas nas partes mais interiores do continente, e obsidianas do Oeste foram levadas para Ohio. Casamentos intertribais, guerras, escravidão e comércio têm sido algumas das muitas fontes de constante introdução de elementos culturais estrangeiros, de maneira que uma assimilação cultural deve ter ocorrido sobre áreas contínuas. Desse modo, parece-me que, onde não se pode comprovar uma influência imediata do meio ambiente sobre tribos vizinhas, a suposição deve ser sempre em favor da conexão histórica entre elas. Houve um tempo de isolamento durante o qual os principais traços de diversas culturas se desenvolveram em conformidade com a cultura anterior e o meio ambiente das tribos. Mas os estágios culturais que representam esse período foram encobertos por tantas coisas novas que se devem ao contato com tribos estrangeiras, que eles não podem ser descobertos sem o mais minucioso isolamento de tais elementos estrangeiros.

Os resultados imediatos do método histórico são histórias das culturas de diversas tribos tomadas como objeto de estudo. Concordo plenamente com os antropólogos que reivindicam não ser esse o propósito último de nossa ciência, porque as leis gerais, embora implícitas em tal descrição, não podem ser claramente formuladas, nem seu valor relativo apreciado, sem uma comparação completa dos modos pelos quais elas se tornam manifestas em diferentes culturas. Mas insisto que a aplicação desse método é a condição indispensável de um progresso sólido. O problema psicológico está contido nos resultados da investigação histórica. Quando esclarecemos a história de uma única cultura e compreendemos os efeitos do meio e das condições psicológicas que nelas se refletem, damos um passo adiante, pois podemos então pesquisar o quanto essas e outras causas contribuíram para o desenvolvimento de outras culturas. Assim, quando comparamos histórias de desenvolvimento, podemos descobrir leis gerais. Esse método é muito mais seguro do que o comparativo, tal como ele é usualmente praticado, porque, em lugar de uma hipótese sobre o modo de desenvolvimento, a história real forma a base de nossas deduções.

A pesquisa histórica deve ser o teste crítico demandado pela ciência antes que ela admita os fatos como evidências. A comparabilidade do material coletado precisa ser testada por esse meio, e cumpre exigir a uniformidade dos processos como prova de comparabilidade. Além disso, quando se pode comprovar que há uma conexão histórica entre dois fenômenos, estes não devem ser aceitos como evidências independentes.

Em alguns poucos casos, os resultados imediatos desse método são de escopo tão amplo que equivalem aos melhores resultados obtidos pelos estudos comparativos. Alguns fenômenos têm uma distribuição tão extensa que a descoberta de sua ocorrência em grandes áreas contínuas prova de imediato que certos aspectos da cultura dessas áreas espalharam-se a partir de uma mesma fonte. Assim foram esclarecidos vastos períodos da pré-história da humanidade. Quando Edward S. Morse demonstrou que certas maneiras de atirar flechas são peculiares a continentes inteiros, tornou-se claro no mesmo instante que a prática comum encontrada numa vasta área certamente deve ter tido origem comum. Quando os polinésios empregam um método de fazer fogo que consiste em esfregar um graveto num sulco, enquanto quase todos os outros povos usam a broca de fogo, isso mostra que suas técnicas de produção do fogo têm uma única origem. Quando sabemos que o ordálio é encontrado em certas formas peculiares por toda a África, enquanto nas partes do mundo habitado distantes da África não é encontrado em absoluto, ou apenas em forma rudimentares, isso mostra que a ideia, tal como é praticada na África, teve uma origem única.

A grande e importante função do método histórico da Antropologia parece residir, portanto, em sua habilidade para descobrir os processos que, em casos definidos, levam ao desenvolvimento de certos costumes. Se a Antropologia deseja estabelecer as leis que governam o desenvolvimento da cultura, ela não pode se limitar a comparar apenas os resultados desse desenvolvimento, mas, sempre que possível, deve comparar os processos de desenvolvimento, que podem ser descobertos por intermédio de estudos das culturas de pequenas áreas geográficas.

Vimos que o método comparativo somente pode almejar atingir os efeitos pelos quais tem se empenhado quando basear suas pesquisas nos resultados históricos de pesquisas dedicadas a esclarecer as complexas relações de cada cultura individual. O método comparativo e o método histórico, se eu posso usar esses termos, têm lutado pela supremacia há muito tempo, mas podemos esperar que cada um deles encontre logo a sua função e lugar apropriados. O método histórico atingiu uma base mais sólida ao abandonar o princípio enganoso de supor conexões onde quer que se encontrem similaridades culturais. O método comparativo, não obstante a tudo o que se vem escrevendo e dizendo em seu louvor, tem sido notavelmente estéril com relação a resultados definitivos. Acredito que ele não produzirá frutos enquanto não renunciarmos ao vão propósito de construir uma história sistemática uniforme da evolução da cultura, e enquanto não começarmos a fazer nossas comparações sobre bases mais amplas e sólidas, que me aventurei a esboçar. Até agora temos nos divertido demais com devaneios mais ou menos engenhosos. O trabalho sólido ainda está todo à nossa frente.

Nota

[1] Ver Richard Andree, *Ethnographische Parallelen und Vergleiche*. Leipzig: Neue Folge, 1889, pp. 107 ss.

Os objetivos
da Etnologia

Muitos[1] livros de viagens descrevem em termos abomináveis os povos que habitam países estrangeiros, descrevendo seu modo de vida como semelhante ao de animais selvagens, negando que haja qualquer indicação de vida emocional ou racional merecedora de nossa simpatia. Nas primeiras descrições de australianos, bosquímanos, fueguinos, eles foram frequentemente descritos como os tipos mais inferiores da humanidade, sem qualquer sentimento de obrigações sociais, sem lei e ordem, sem imaginação, até mesmo sem abrigo e ferramentas.

Se os viajantes que viram essas pessoas nos dão descrições desse tipo, não é surpreendente que outros que nunca estiveram em contato com povos primitivos aceitem seus pontos de vista. Por isso, começamos a entender a razão da pergunta frequentemente repetida: Qual é a utilidade de estudar a vida dos povos primitivos?

Mesmo as tribos mais rudes não estão de acordo com a imagem que é desenhada por muitos viajantes superficiais.

Muitos exemplos podem ser extraídos da extensa literatura de viagem que evidencia a superficialidade dos relatórios apresentados. O conhecido viajante Burchell encontrou perto do Garib um grupo de bosquímanos e nos dá o mais surpreendente relato de sua completa falta de poder de raciocínio. Ele fez a pergunta: Qual é a diferença entre uma ação boa e uma ação má? E como eles não puderam responder de forma satisfatória, ele os declarou como não tendo poder de raciocínio e de julgamento. De forma semelhante, os fueguinos foram questionados sobre suas ideias religiosas em termos necessariamente ininteligíveis para eles, e como eles não podiam responder, foi dito que eles não podiam apreender nenhuma ideia que transcendesse as necessidades mais elementares da vida cotidiana. Hoje em dia, temos mais conhecimento, e nenhum viajante cientificamente preparado ousaria fazer afirmações desse tipo. Sabemos agora que os bosquímanos, que Burchell descreveu como pouco diferentes dos animais selvagens, têm uma música bem desenvolvida, uma grande variedade de contos e tradições; gostam de poesia e são excelentes narradores. Suas pinturas rupestres mostram um alto grau de habilidade e uma notável compreensão de perspectiva. Sabemos também que os fueguinos têm uma organização social bem desenvolvida e que seus hábitos são prova de uma atitude religiosa profundamente enraizada.

Os andamaneses são outro povo que deve sua má reputação aos relatos dos primeiros viajantes. Marco Polo, que os visitou em 1285, disse: "Esses povos são como animais selvagens, e eu lhes asseguro que todas as pessoas desta ilha Angamanain têm cabeças como as de cães, e dentes e olhos do mesmo tipo; de fato, seus rostos se parecem com os de buldogues". Um escritor árabe do século IX diz: "A cor de sua pele é assustadora; seus pés são grandes, quase um côvado de comprimento, e estão absolutamente sem roupa". Compare isso com a descrição de E. H. Man, a quem somos gratos por um melhor conhecimento desse interessante povo. Ele diz: "Tem sido afirmado que o sistema de casamento comunal prevalece entre eles, e que o casamento nada mais é do que tomar uma escrava, mas longe de o contrato ser considerado um acordo meramente temporário, a ser posto de lado à vontade de qualquer das partes, nenhuma incompatibilidade de temperamento ou outra causa é permitida para dissolver a união, e enquanto bigamia, poligamia, poliandria e divórcio são desconhecidos, a fidelidade conjugal até a morte não é a exceção, mas a regra. Uma das características mais marcantes de suas relações sociais é a acentuada igualdade e afeto que subsiste entre marido e mulher". Mesmo que essa descrição deva ser considerada algo um tanto quanto colorido, ela mostra, no entanto, que esses povos não são "como animais selvagens".

Assim, um estudo mais detalhado mostra que alguns dos povos de pior reputação não são tão grosseiros quanto relatos superficiais nos fariam acreditar, e somos levados a suspeitar de que as condições culturais entre todos os povos primitivos podem ser mais elevadas do que é comumente suposto.

Nosso conhecimento das tribos primitivas em todo o mundo justifica a afirmação de que não há povos que não tenham ideias e tradições religiosas definidas; que não tenham feito invenções, que não vivam sob a regra das leis consuetudinárias que regulam as relações entre os membros da tribo. E que não há pessoas sem linguagem.

A tarefa da Etnologia é o estudo de toda a gama de fenômenos da vida social. Língua, costumes, migrações, características corporais, são temas de nossos estudos. Assim, seu primeiro e mais imediato objeto é o estudo da história da humanidade; não apenas o das nações civilizadas, mas o de toda a humanidade, desde seus primeiros vestígios encontrados nos depósitos da era do gelo, até os tempos modernos. Devemos acompanhar o desenvolvimento gradual das manifestações da cultura. O objetivo que temos em vista pode ser ilustrado por um exemplo.

A riqueza de contos e tradições da Europa, e seus inúmeros costumes que persistem até hoje, são bem conhecidos. As coleções de contos de fadas de Grimm e as canções populares reunidas no *Wunderhorn*, de Brentano, são talvez as primeiras tentativas sistemáticas de reunir o material disponível. Grimm considerava os contos e os costumes como sobreviventes do antigo paganismo germânico, sendo modificados pelas mudanças da vida cultural. As divindades dos primeiros tempos foram interpretadas como forças personificadas da natureza. Quando o material coletado aumentou, essa teoria provou ser inadequada. Descobriu-se que certos contos e canções, ou superstições que foram inicialmente consideradas de origem pagã antiga, foram introduzidos em tempos recentes e, em muitos casos, foi demonstrado que eram originários de terras longínquas. Até a Idade Média a Europa recebeu uma quantidade considerável de seus costumes, crenças e tradições do Oriente, e esses foram modificados de acordo com os padrões culturais europeus. As novas ideias exerceram sua influência sobre as condições sociais da Europa. Por exemplo, M. Gaster tentou provar que a crença em bruxas da Idade Média, que persiste até os dias atuais, foi introduzida na Europa ocidental durante o século XIV, em conexão com os ensinamentos dualistas dos cismáticos que defendiam o dogma do poder de Satanás e a proteção dos santos. Esses ensinamentos tiveram origem entre os cristãos búlgaros do sudeste da Europa. Embora as opiniões de Gaster não sejam inteiramente aceitáveis, elas provam a forte influência dos ensinamentos dos hereges sobre a crença e a literatura popular. Além desses elementos estrangeiros, costumes e tradições derivam diretamente dos tempos pagãos, de modo que o estudo da vida moderna nos remete às formas culturais dos tempos primitivos.

Na sociedade primitiva, o contato cultural exerce uma influência ainda mais marcante do que em nossa complexa civilização.

A famosa história da corrida da tartaruga e a lebre, ou do ouriço e o coelho, pode servir de exemplo. Ela é encontrada no Marrocos, onde o ouriço e o chacal são os concorrentes. Na República dos Camarões, o elefante e a tartaruga; entre os hotentotes, as avestruzes e as tartarugas são os heróis. Os índios tupis do Brasil contam a mesma história sobre veados e tartarugas, e parece plausível que eles tenham aprendido com os escravos africanos. Os contos dos negros americanos oferecem um dos exemplos mais notáveis de transmissão, pois representam uma mistura de ideias africanas e europeias que, por sua vez, influenciaram os contos folclóricos dos índios americanos.

Tais transferências são encontradas não apenas em costumes e contos populares, mas também na mitologia, que evidencia muitos traços de origem estrangeira. Os elementos semíticos da mitologia grega são bem conhecidos. Basta mencionar Afrodite e Hércules. Posso acrescentar um exemplo retirado de minhas próprias observações entre os índios da Colúmbia Britânica. No Sul são encontrados muitos contos referentes ao sol, sua origem e as guerras entre os animais e os corpos celestes. No sul do Alasca, o corvo é o criador que fez o ser humano, o país, o fogo e a água. Ele deu ao humano comida e abrigo, invenções e direito consuetudinário. Ambos os grupos de ideias, embora bastante distintos, espalharam-se ao longo da costa de modo que a mitologia é uma mistura inextricável dessas ideias fundamentais.

Essas observações indicam que o primeiro objetivo da pesquisa etnológica deve ser a análise crítica das características de cada povo. Essa é a única maneira de obter uma compreensão satisfatória das culturas encontradas em áreas mais amplas. Os meios de que dispomos para fazer tal análise são variados: forma corporal, língua e cultura são resultados de processos históricos e podem, portanto, ser utilizados para o estudo da história. Para os tempos pré-históricos, temos que nos contentar com o estudo dos vestígios.

A forma corporal é transmitida de uma geração a outra. Portanto, é a primeira tarefa do pesquisador encontrar as formas permanentes características de cada área. Desde algum tempo, tornou-se costume procurar as principais características nas formas do crânio, em parte porque elas são bastante estáveis, em parte por razões práticas, já que é mais fácil coletar crânios do que outras partes do esqueleto, exceto os ossos longos. Nas formas complicadas do crânio, a individualidade do grupo é mais claramente expressa e sua forma não está sujeita aos hábitos de vida no mesmo grau que alguns outros ossos. Os crânios são frequentemente preservados quando outros ossos são decompostos, quebrados ou espalhados, de modo que são o material mais disponível para o estudo de populações de períodos anteriores. Dados baseados nas medidas do crânio são meramente um meio de expressar em termos breves as características da construção do corpo. Entre os povos que formam uma unidade no que diz respeito à língua e cultura, pode ser evidenciada uma origem mista. Assim, a Ásia Menor é habitada por povos que falam turco, com exceção, entretanto, de gregos e armênios. O dr. Von Luschan, que estudou recentemente a forma corporal desses povos, mostra que na forma corporal eles não estão em conformidade com outros povos de língua turca, mas que a maioria é do tipo como os armênios. No oeste grego e no sul, os tipos árabes prevalecem. Muitos dos povos de língua grega da Ásia Menor também são do tipo armênio, enquanto os da costa sul são árabes helenizados. Concluímos desses dados que os primeiros habitantes da Ásia Menor foram assimilados linguística e culturalmente pelos turcos invasores.

Como outro exemplo que evidencia a importância dessas pesquisas, podemos mencionar a distribuição dos pigmeus, à qual o antropólogo francês De Quatrefages deu particular atenção. Mencionei antes os bosquímanos, um povo pigmeu. Tribos de pequena estatura foram encontradas em muitas partes da África Central, até a região dos lagos nas nascentes do Nilo. Recentemente, sua ocorrência na África

Ocidental também foi registrada, de modo que os antigos relatos de Heródoto são confirmados pela observação moderna. Igualmente baixos são os andamaneses e algumas das tribos das montanhas da Índia, Península Malaia, Filipinas e Formosa, e traços similares podem ser observados entre as tribos da Nova Guiné e ilhas adjacentes, onde os povos primitivos parecem ter se casado com seus vizinhos. Os homens, entre a maioria dessas pessoas, não medem mais do que cerca de 140 cm. Os akkas da África Central são ainda mais baixos, medindo não mais do que 120 cm ou 130 cm. Embora esses tipos não sejam de forma anatômica idêntica, eles têm alguns traços em comum, particularmente a baixa estatura e os cabelos duros e crespos. Sua presença em todas as partes da fronteira sul do Velho Mundo — incluindo a África — torna provável que eles sejam os remanescentes de uma raça antiga que foi superada pela imigração dos negros altos na África e pela invasão do sul da Ásia por pessoas que vieram do Ocidente e do Norte.

Assim, a pesquisa dos tipos de pessoas nos leva de volta aos primeiros períodos da vida humana. O método se baseia na permanência das formas anatômicas.

Outro meio importante para pesquisar a história inicial é a língua. Muitos idiomas sucumbiram sob o influxo de conquistadores, enquanto em outros casos eles sobreviveram com ligeiras alterações e os idiomas dos conquistadores foram perdidos. Em outros casos ainda, línguas antigas sobrevivem em áreas protegidas, em aldeias remotas, em distritos inférteis, pantanosos ou em ilhas. São vários dialetos românicos, o basco, as numerosas línguas do Cáucaso, da Califórnia e da África Ocidental. A história dos athapascans é iluminada pelo fato de que tribos isoladas da costa do Pacífico, os navajos e apaches de nossos Estados do sudoeste, e o povo da região Mackenzie, falam dialetos pertencentes a essa família linguística. A descoberta das línguas caribenhas no Brasil lança uma nova luz sobre a história desses povos.

Outros aspectos da linguagem são importantes. Embora as características anatômicas sejam importantes por causa de sua permanência, as línguas mudam mais rapidamente e as alterações são tais que lançam muita luz sobre sua história. Novas línguas se originam, crescem e desaparecem. Dos idiomas anteriores surgem novos idiomas através da mistura (como o inglês); e eles se desintegram de acordo com seu caráter fonético e processos gramaticais, e de acordo com os destinos dos povos que os falam, e formam novos dialetos. Essas mudanças, devido à mistura ou desenvolvimento interno, são uma fonte frutífera de inferências históricas. Os métodos de estudo foram desenvolvidos através do estudo das línguas indo-europeias, mas estão sendo feitos os primeiros passos para aplicar esses resultados a outras famílias linguísticas. A análise dos dialetos nos permite acompanhar a história das palavras e dos conceitos através de longos períodos de tempo e em áreas distantes. A introdução de novas invenções e a migração para países distantes são frequentemente indicadas pelo aparecimento de novas palavras cujas origens podem ser apuradas. Assim, a história da língua reflete a história da cultura. Schrader e Penka aplicaram esse método às pesquisas sobre o berço primitivo dos povos de língua ariana. Nosso conhecimento das línguas dos povos primitivos não está, em geral, suficientemente avançado para permitir uma análise semelhante. Para tornar isso possível, precisamos de uma literatura dessas línguas. No momento, dificilmente temos vocabulários adequados.

O terceiro meio para a pesquisa da história inicial dos povos que não possuem registros escritos é o estudo de sua cultura. Não é excessivo dizer que não há povos cujos costumes se desenvolveram sem influência da cultura estrangeira, que não tenham tomado emprestadas artes e ideias que desenvolveram à sua própria maneira.

Um exemplo notável desse tipo é encontrado entre os fan, uma tribo que vivia ao norte do baixo Congo. Quando os portugueses descobriram o Congo, há cerca de 450 anos, encontraram arcos e flechas utilizadas pelos negros. Os portugueses influenciaram a cultura dos negros de muitas maneiras e aprenderam com eles o uso da besta. Mais tarde, quando a influência portuguesa diminuiu, os fan mantiveram o uso da besta. Sendo incapazes de imitar o complicado mecanismo da besta portuguesa, eles inventaram um novo arremessador. A nova forma não era forte o suficiente para fazer voar o ferrolho em longas distâncias, e por isso eles usaram ferrolhos envenenados para torná-los eficazes. Quando os fan foram redescobertos no século XIX, eles foram encontrados na posse dessa curiosa arma, cuja origem parecia, a princípio, bastante inexplicável. Imitações semelhantes de objetos europeus são encontradas nas ilhas do Oceano Pacífico. Assim, os ilhéus de Fiji deram a seus tacos as formas de armas europeias, e os chefes da Nova Grã-Bretanha adotaram como cocar a forma de chapéu dos almirantes britânicos. Há alguns casos de dupla imitação. O arpão de aço usado pelos baleeiros americanos e escoceses é uma imitação ligeiramente modificada do arpão esquimó. Esses foram novamente imitados pelos esquimós.

Em alguns casos, as imitações não se limitam a invenções isoladas. São muitos os casos em que a maior parte da cultura de um povo é adotada por seus vizinhos. Assim, uma tribo africana que estava sujeita ao ataque de guerreiros zulu procurou proteção assumindo os costumes e maneiras dos rivais.

Por outro lado, existe um conservadorismo decidido, sendo retidas pequenas peculiaridades enquanto a vida geral do povo pode sofrer mudanças importantes. Assim, Edward Morse provou que os povos de grandes áreas continentais têm em comum métodos de lançamento de flechas que diferem dos usados em outras áreas extensas.

O estilo de ornamento, as formas dos implementos e as armas são geralmente preservados com tenacidade. Quando um novo material é introduzido, as formas anteriores são frequentemente mantidas. Assim, as tribos que aprenderam a arte da cerâmica e que usaram em tempos anteriores a cestaria em seu lugar, muitas vezes imitam as formas de cestaria em argila. Armas cravejadas de espinhos ou dentes são imitadas em escultura de madeira ou pedra. Novas formas também podem ser copiadas em material familiar. Assim, os machados de bronze da Europa primitiva eram imitados em pedra.

As tradições, e particularmente os versos e melodias nelas contidas, são muitas vezes mantidas com grande tenacidade. As canções, sendo transmitidas de uma geração a outra, podem diferir tanto do discurso atual que chegam a ser misteriosas e ininteligíveis.

Reconhecemos que a vida de um povo em todos os seus aspectos é o resultado de sua história, na qual se reflete a tradição tribal, bem como as características aprendidas pelo contato com os vizinhos. Para o etnólogo, as características mais triviais da vida social são importantes porque são expressões de acontecimentos históricos. Elas são parte dos dados a partir dos quais o passado deve ser reconstruído.

Pode-se dizer que o que descrevemos aqui é história da cultura, não Etnologia. Isso é verdade. A Etnografia é parte da história da cultura, e não pode ser separada dela. Devido ao nosso crescente conhecimento etnológico, reconhecemos que a história da civilização não pode ser compreendida sem um conhecimento da história do ser humano primitivo. Ao mesmo tempo, o desenvolvimento da Etnologia é, em grande parte, devido ao reconhecimento geral do princípio da evolução biológica. É uma característica comum de todas as formas de teoria evolucionária que todo ser vivo é considerado o resultado de um desenvolvimento histórico. O destino de um indivíduo não influencia apenas a si mesmo, mas também a todas as gerações seguintes. Portanto, para compreender um organismo, não basta estudá-lo como uma forma estável, mas ele deve ser comparado com todos os seus ascendentes e descendentes. Esse ponto de vista introduziu uma perspectiva histórica nas ciências naturais e revolucionou seus métodos. O desenvolvimento da Etnologia se deve em grande parte à adoção do ponto de vista evolutivo, pois nos impressionou a convicção de que nenhum acontecimento na vida de um povo passa sem deixar seu efeito sobre as gerações posteriores. Os mitos contados por nossos ancestrais, e nos quais eles acreditavam, deixaram sua impressão sobre as formas de pensar de seus descendentes, que foram submetidos à influência de uma civilização estrangeira. Mesmo o gênio mais brilhante é influenciado pelo espírito da época em que vive, por seu ambiente, que é produto de acontecimentos do passado. Assim, a história da cultura ensina a continuidade de ideias e invenções a partir das etapas em que encontramos as tribos primitivas de nosso tempo. A história da ciência, da invenção e da religião deve ser baseada no estudo da vida das tribos primitivas.

Usei aqui o termo "primitivos" sem maiores explicações. Espero que isso não tenha passado a impressão de que considero essas tribos como se vivessem em um estado original da natureza, como Rousseau imaginou. Pelo contrário, devemos lembrar que todo povo primitivo tem tido uma longa história. Ele pode ter diminuído por decadência de um estágio de maior desenvolvimento, ou pode ter ascendido a seu estágio atual lutando contra as vicissitudes. Não existe uma tribo primitiva que não esteja amparada por leis e costumes convencionais. Quanto mais primitiva ela é, maior é o número de restrições que determinam cada ação.

Se descobrimos que a Etnologia como ciência histórica está intimamente relacionada com a história da cultura, essa conexão aparece ainda mais próxima quando nós nos voltamos para a segunda tarefa importante de nossa ciência. Uma comparação da vida social de diferentes povos prova que os fundamentos de seu desenvolvimento cultural são notavelmente uniformes. Daí decorre que existem leis às quais esse desenvolvimento está sujeito. Sua descoberta é, talvez, o segundo objetivo mais importante de nossa ciência.

Não há contraste fundamental entre esses objetivos, pois a lei geral é expressa no fenômeno individual tanto quanto o fenômeno individual é interpretado como uma isenção da lei geral. Entretanto, o método utilizado para descobrir essas leis é distinto e lança luz sobre o caso individual, pois mostra quais de suas características são acidentais e quais são de aplicabilidade geral. Portanto, o método puramente histórico, sem um estudo comparativo, será incompleto. O estudo detalhado do caso individual nos obriga a recorrer ao método comparativo, pois os meios de que dispomos para esclarecer a história real das culturas são limitados. Os registros escritos não remontam à Antiguidade e estão disponíveis apenas para algumas poucas culturas. Os outros métodos que discutimos também são de pouca utilidade. Em todos esses casos, nada mais resta senão comparar os fenômenos sociais de áreas distintas e basear nossas deduções em suas semelhanças e dissemelhanças. Na busca desses estudos descobrimos que o mesmo costume, a mesma ideia, ocorre entre povos para os quais não podemos estabelecer nenhuma conexão histórica, de modo que uma origem histórica comum pode não ser assumida, e torna-se necessário decidir se existem leis que resultam no mesmo fenômeno, ou pelo menos fenômenos similares independentemente de causas históricas; em outras palavras, se o desenvolvimento da mente humana segue leis definidas. Assim, desenvolve-se a segunda importante tarefa da Etnologia: a pesquisa das leis que regem a vida social, ou como é geralmente chamada, o estudo da psicologia popular.

A primeira pergunta a ser respondida é se existem leis segundo as quais a cultura progride ou se seu desenvolvimento resulta de acidentes. Mencionamos antes exemplos da ocorrência de fenômenos similares em regiões muito distantes. Nesses casos, o etnólogo é sempre confrontado com duas explicações igualmente possíveis. Os dois fenômenos podem ter tido origem em uma fonte histórica comum ou ter se desenvolvido independentemente um do outro. Somente em alguns casos muito gerais não pode haver dúvidas. Por exemplo, o fato de que não há povos sem religião ou sem arte; que em toda parte se encontra alguma forma de organização social, que, em tribos com a cultura em progresso, o indivíduo se torna mais livre, porque as inúmeras regras arbitrárias que regem sua conduta tendem a desaparecer — todas elas podem ser explicadas de forma justa como resultado das características mentais da humanidade.

O método de pesquisa do estudioso de psicologia popular também pode ser ilustrado por um exemplo. Os resultados obtidos por pesquisas recentes sobre a história da família constituem um excelente exemplo.

Os resultados das pesquisas filológicas e históricas referentes aos povos que falam línguas indo-europeias demonstraram que a família era o fundamento da sociedade e que, com base nisso, a tribo e o Estado se desenvolveram. Desse ponto de vista, parecia estranho que entre alguns povos o pai não fosse o chefe da família, mas que muitas vezes era a mãe a detentora dos direitos que, em tempos posteriores, pertenciam ao pai. Assim, Heródoto conta que, entre os lícios, as filhas eram as herdeiras do pai e da mãe, e não os filhos homens. É dito que em Atenas, na época de Cecrops, as crianças tomavam os nomes de suas mães e, segundo Tácito, o irmão da mãe gozava de um respeito particular. Os numerosos contos do Amazonas também podem ser mencionados. Do ponto de vista de nossa cultura, esses costumes eram inexplicáveis, mas quando os costumes dos povos primitivos vieram a ser conhecidos, a história do desenvolvimento da família foi mais facilmente compreendida.[2] (Entre muitas tribos primitivas, a descendência é unilateral, sendo a criança contada como membro da linhagem do pai ou da mãe, não como membro de ambos. Quando a criança pertence à linhagem da mãe, e a posição ou outros direitos são detidos pelos homens, conflitos se desenvolvem; porque a criança não os herda de seu pai, mas dos homens da linhagem da mãe, ou seja, de seu tio materno. Quando a família constituída por pais e filhos forma uma unidade econômica e social, esse tipo de organização leva facilmente a conflitos entre pai e filhos, e entre um homem e os irmãos de sua esposa. Portanto, existe um elemento de instabilidade nessas instituições e elas são passíveis de rompimento e mudança para uma forma na qual ou a criança pertence à linha do pai, de modo que conflitos são evitados, ou que ela pertence a ambas as linhas.)

Uma conclusão baseada em pesquisas desse tipo deve ser enfatizada. Ela mostra que as reações emocionais que sentimos como naturais são, na realidade, culturalmente determinadas. Não é fácil para nós entender que a relação emocional entre pai e filho deva ser diferente daquela a que estamos acostumados, mas o conhecimento da vida de pessoas com uma organização social diferente da nossa acarreta situações em que conflitos ou obrigações mútuas surgem de um caráter bastante oposto àqueles a que estamos acostumados e que vão contra o que consideramos reações emocionais "naturais" àqueles com os quais temos parentesco consanguíneo.

Os dados da Etnologia comprovam que não apenas nosso conhecimento, mas também nossas emoções são o resultado da forma de nossa vida social e da história do povo ao qual pertencemos. Se desejamos compreender o desenvolvimento da cultura humana, devemos tentar nos libertar dessas amarras; isso só é possível para aqueles que estão dispostos a se adaptar às estranhas formas de pensar e de sentir dos povos primitivos. Se tentarmos interpretar as ações de nossos ancestrais remotos por nossas atitudes racionais e emocionais, não poderemos alcançar resultados verdadeiros, pois seus sentimentos e pensamentos eram diferentes dos nossos. Devemos deixar de lado muitos pontos de vista que nos parecem evidentes, porque nos primeiros tempos eles não eram evidentes por si mesmos. É impossível determinar *a priori* as partes de nossa vida mental que são comuns à humanidade como um todo e aquelas devidas à cultura em que vivemos. O conhecimento dos dados da Etnologia nos permite alcançar essa percepção. Portanto, ele nos permite também ver nossa própria civilização de forma objetiva.

Quando se reconhece que costumes similares podem surgir de modo independente, não estamos mais propensos a inferir de semelhanças superficiais a comunidade de origem dos povos. Quantas vezes as tribos perdidas de Israel foram redescobertas na América, na Polinésia e na África! Quantas vezes as tribos perdidas da Antiguidade deveriam ter migrado por meio da fabulosa Atlântida para a América! O argumento para tais teorias extravagantes é em geral a ocorrência de algum tabu ou de um ornamento encontrado em regiões amplamente separadas.

É de fato notável que os mesmos fenômenos culturais se repetem nas partes mais remotas do mundo e que as variadas formas complexas de pensamento e ação que a mente humana desenvolve são repetidas e tão distribuídas que a conexão histórica é quase impensável. O conto de Faetonte é um bom exemplo. É a história do filho do Sol que dirige a carruagem celestial quando incendeia a Terra e é derrubado pelo raio de Zeus. Entre os índios da Colúmbia Britânica, um vison visita seu pai, o Sol, carrega-o em seu lugar e é derrubado por seu próprio pai quando incendeia a Terra. O costume de usar grandes ornamentos nos lábios é encontrado em partes da América, mas também na África equatorial. Recentemente, Bastian tem tratado o espiritismo moderno do mesmo ponto de vista, mostrando sua semelhança com as práticas do espiritismo entre os povos primitivos.

A ocorrência frequente de fenômenos similares em áreas culturais que não têm contato histórico sugere que resultados importantes podem ser derivados de seu estudo, pois mostra que a mente humana se desenvolve em todos os lugares de acordo com as mesmas leis.

A descoberta desses fenômenos é o maior objetivo de nossa ciência. Para alcançá-los, serão necessários muitos métodos de pesquisa, assim como a assistência de muitas outras ciências. Até este momento, o número de pesquisas é pequeno, mas as bases foram lançadas pelo trabalho de homens como Tylor, Bastian, Morgan e Bachofen. Como em outros novos ramos da ciência, não faltam teorias precipitadas que não contribuem para um crescimento saudável. Teorias de longo alcance foram construídas sobre bases fracas. Aqui pertence a tentativa de explicar a história como determinada pela natureza do país em que os povos vivem. Uma relação entre o solo e a história não pode ser negada, mas não estamos em condições de explicar o comportamento social e mental nessa base e as "leis" antropogeográficas são válidas apenas como generalidades vagas e vazias. O clima e o solo exercem influência sobre o organismo e suas funções, mas não é possível provar que o perfil do país encontre expressão imediata no de seus habitantes. Diz-se que o negro, vivendo na África tropical e não perturbado pela falta de alimentos, é preguiçoso e não se dá ao trabalho de vestir seu corpo. Também se diz que o esquimó é preguiçoso pela longa noite polar que anula sua imaginação. Entretanto, tais generalizações são totalmente enganosas. Há tribos negras que castigam qualquer pessoa que aparece em público vestida impropriamente; enquanto as tribos da Terra do Fogo, que vivem em um clima inóspito, estão escassamente vestidas. Os esquimós, durante a longa noite de inverno, encontram entretenimento na dança, no canto e na narração de histórias.

Além disso, os princípios da evolução biológica foram facilmente aplicados aos fenômenos da história cultural e, assim, um sistema após outro se desenvolveu nos contando como, desde os níveis mais baixos de barbarismo, a humanidade foi conduzida aos níveis mais elevados da civilização. O cientista cauteloso não pode seguir esses caprichos. Tentamos interpretar o desenvolvimento da ética moderna a partir de dados etnológicos, começando com a simples suposição de que a consideração do bem-estar dos semelhantes era útil para o indivíduo. Diz-se que o medo da vingança e o desejo de segurança são considerados a base de todos os conceitos éticos. O direito consuetudinário pode ter se desenvolvido de forma semelhante a essas ideias, mas não se justifica concluir que essa é a base, a única base dos conceitos do bem e do mal. Levar-nos-ia muito tempo para entrar nesse assunto com mais detalhes, mas pareceu necessário definir as limitações da ciência etnológica. Ela não nos dará informações a respeito dos traços fundamentais da mente humana. A Etnologia não nos dará nenhuma informação sobre a origem dos conceitos de tempo e espaço ou de causalidade.

Por outro lado, a Etnologia pode contribuir com novas ideias para outras ciências, tais como Psicologia, Filosofia e História. Vimos que a Etnologia lida com a história dos povos primitivos. Seus destinos se repetem sob condições mais simples, em menor escala, os mesmos tipos de eventos que ocorrem na história de nossa complexa civilização. Novas ideias são assimiladas de acordo com a cultura do povo receptor. Elas são desenvolvidas ou desaparecem novamente. É instrutivo ver como é difícil adotar novas ideias. A invenção não é difícil. Difícil é a retenção e o desenvolvimento posterior. Portanto, o desenvolvimento é tanto mais lento quanto menor é o *status* cultural. Por outro lado, é importante observar a luta dos indivíduos contra os costumes tribais. O mesmo tipo de luta que o gênio tem que travar entre nós, em sua batalha contra as ideias dominantes ou preconceitos dominantes, ocorre entre os primitivos, e é de particular interesse ver até que ponto o indivíduo forte é capaz de se libertar dos grilhões da convenção.

A Etnologia também pode contribuir muito para o estudo da Psicologia. Nada é mais instrutivo para o estudioso da mente humana do que uma compreensão do erro humano e, para esse assunto, a Etnologia fornece uma infinidade de materiais. A eterna guerra entre o pensamento racional e a emoção, e o desenvolvimento histórico do progresso da razão sobre a tradição, deve encontrar sua principal fonte nos dados da Etnologia.

Esbocei apressadamente o escopo de nossa ciência. Não tenho sido capaz de fazer mais do que delinear os contornos mais amplos dos objetivos que temos em mente. Com algumas palavras, tentei indicar os meios metodológicos à nossa disposição. A história da humanidade deve ser reconstruída através de pesquisas sobre a forma corporal, línguas e costumes. Queremos descobrir as leis que regem o desenvolvimento da mente através de uma comparação cuidadosa de suas variadas manifestações; e tentei indicar os limites além dos quais a Etnologia não pode prosseguir.

Espero ter tido sucesso em minha tarefa: mostrar que não é a curiosidade ociosa ou o gosto pela aventura que induzem o cientista a visitar povos distantes de graus aparentemente baixos de cultura; que estamos conscientes de uma tarefa bem digna dos esforços mais extenuantes quando coletamos línguas, costumes e contos de tribos cuja vida difere em aspectos fundamentais da nossa.

Notas

[1] Incluí este artigo na presente série porque ele ilustra minhas primeiras visões a respeito dos problemas etnológicos.

[2] A passagem a seguir foi alterada, porque a visão atual de uma precedência necessária das formas matrilineares de organização familiar foi aceita. Essa visão não é sustentável, uma vez que é impossível derivar todas as formas de organização familiar a partir de uma única fonte.

Os métodos da Etnologia

Durante os últimos dez anos, os métodos de pesquisa sobre o desenvolvimento histórico da civilização sofreram mudanças notáveis. Durante a segunda metade do século passado, o pensamento evolucionista dominou quase completamente, e pesquisadores como Spencer, Morgan, Tylor, Lubbock, para mencionar apenas alguns, estiveram sob o feitiço da ideia de uma evolução geral e uniforme da cultura da qual participaria todo o gênero humano. O desenvolvimento mais recente remonta em parte à influência de Ratzel, cuja formação geográfica impressionou com a importância da difusão e da migração. O problema da difusão foi estudado em detalhes, particularmente na América, mas foi aplicado num sentido muito mais vasto por Foy e Graebner, e finalmente apreendido numa aplicação ainda mais ampla por Elliot Smith e Rivers, de modo que, no momento atual, pelo menos entre certos grupos de pesquisadores na Inglaterra e também na Alemanha, a pesquisa etnológica é baseada no conceito de "migração e difusão", e não no de evolução.

Um estudo crítico dessas duas linhas de pesquisa mostra que cada uma delas apoia-se na aplicação de uma hipótese fundamental. O ponto de vista evolucionista pressupõe que o curso das mudanças históricas na vida cultural da humanidade segue leis definidas, aplicáveis em toda parte, o que faria com que os desenvolvimentos culturais, em suas linhas básicas, fossem os mesmos entre todas as raças e povos. Essa ideia é claramente expressa por Tylor nas páginas introdutórias de seu clássico trabalho. Se concordarmos que se deve provar, antes de aceitá-la, a hipótese de uma evolução uniforme, toda a estrutura perde sua fundamentação. É verdade que há indicações de paralelismo de desenvolvimento em diferentes partes do mundo, e que costumes similares são encontrados nas regiões mais diferentes e distantes. A ocorrência dessas similaridades, tão irregularmente distribuídas, que não podem ser prontamente explicadas com base na difusão, é um dos alicerces da hipótese evolucionista. Foi também um dos pilares do tratamento psicologizante que Bastian deu aos fenômenos culturais. Por outro lado, podemos reconhecer que a hipótese implica a ideia de que nossa moderna civilização ocidental europeia representa o desenvolvimento cultural mais elevado, em direção ao qual tenderiam todos os outros tipos culturais mais primitivos. Desse modo, construímos retrospectivamente um desenvolvimento ortogenético em direção à nossa própria civilização moderna. Mas se admitimos que é possível diversos tipos definitivos e coexistentes de civilização, fica evidente que se pode manter a hipótese de uma única linha geral de desenvolvimento.

A tendência moderna de negar a existência de um esquema evolucionista geral que representaria a história do desenvolvimento da cultura em todo o mundo se opõe a essas proposições. A hipótese de que existem causas internas que dão origem a desenvolvimentos similares em partes remotas do planeta é rejeitada, e em seu lugar prefere-se supor que a identidade de desenvolvimento em duas partes diferentes do planeta sempre deve ser atribuída à migração e à difusão. Para isso, seria necessário haver um contato histórico para áreas enormemente vastas. Essa teoria requer um alto grau de estabilidade de traços culturais, tal como são aparentemente observados em várias tribos primitivas. Além disso, ela baseia-se na suposta coexistência de vários traços culturais distintos e mutuamente independentes que reaparecem nas mesmas combinações em partes distantes do mundo. Nesse sentido, a moderna pesquisa retoma de outra maneira a teoria de Gerland sobre a persistência de vários traços culturais que foram desenvolvidos num centro e são levados pelo ser humano, em suas migrações, de continente a continente.

Parece-me que, se os fundamentos hipotéticos dessas duas formas opostas de pesquisa etnológica são, em linhas gerais, formulados do modo que tentei esboçar aqui, torna-se claro desde cedo que a validade dessas suposições não vem sendo demonstrada, e que uma e outra têm sido selecionadas de modo arbitrário, com o propósito de se obter um quadro consistente do desenvolvimento cultural. Esses métodos são essencialmente formas de classificação dos fenômenos estáticos da cultura segundo dois princípios distintos; interpretam-se essas classificações como se fossem dotadas de classificação histórica, sem se fazer, contudo, qualquer tentativa de provar que essa interpretação é justificada. Para dar um exemplo: observamos que na maior parte do mundo há semelhanças entre motivos decorativos que podem ser figurativos ou mais ou menos geométricos. Segundo o ponto de vista evolucionista, isso é explicado por meio de uma ordenação dos motivos decorativos segundo a qual os mais figurativos estão colocados no início, enquanto dos outros se dispõem de modo a demonstrar uma transição gradual dos figurativos para os geométricos. Essa ordem é então interpretada como se os motivos geométricos se originassem dos figurativos, que, por sua vez, teriam gradualmente se degenerado. Tal método é seguido, por exemplo, por Putnam, Stolpe, Balfour, Haddon, Verworn e, em seus primeiros escritos, por Von den Steinen. Embora eu não negue que esse desenvolvimento possa ter ocorrido, seria temerário generalizar e alegar que em todos os casos a classificação feita segundo o mesmo princípio representa um desenvolvimento histórico. A ordem também poderia ser invertida a começar de um motivo geométrico simples que, pela adição de novos traços, se tivesse desenvolvido num motivo figurativo, e poderíamos igualmente alegar que tal ordem representa uma sequência histórica. Ambas as possibilidades foram consideradas por Holmes já em 1885. Nenhuma delas pode ser aceita sem comparação histórica concreta.

A atitude oposta, a de explicar a origem por meio da difusão, é ilustrada pela tentativa de Heinrich Schurtz de conectar as artes decorativas do noroeste norte-americano com as da Melanésia. O simples fato de que, nessas áreas, ocorram elementos que podem ser interpretados como olhos, induzem-no a supor que ambas têm uma origem comum, sem admitir a possibilidade de que, nas duas, o padrão — cada um dos quais exibindo características bastante distintas — possa ter se desenvolvido a partir de fontes independentes. Nessa tentativa, Schurtz seguiu Ratzel, que já havia buscado estabelecer conexões entre a Melanésia e o noroeste da América do Norte com base em outras características culturais.

Embora as pesquisas etnográficas apoiadas nessas duas hipóteses fundamentais pareçam caracterizar a tendência geral do pensamento europeu, um método diverso vem sendo adotado atualmente pela maioria dos antropólogos norte-americanos. A diferença entre os dois caminhos de estudo do ser humano talvez possa ser mais bem resumida na afirmação de que os pesquisadores norte-americanos estão, sobretudo, interessados nos fenômenos dinâmicos da mudança cultural, e que tentam elucidar a história da cultura pela aplicação dos resultados de seus estudos; e que relegam a solução da questão final sobre a importância relativa do paralelismo do desenvolvimento cultural em áreas distantes em oposição à difusão em escala mundial e à estabilidade de traços culturais por longos períodos de tempo a uma época futura, em que as condições reais de mudança cultural sejam mais bem conhecidas. Os métodos etnológicos norte-americanos são análogos aos da arqueologia europeia, em particular a escandinava, e aos das pesquisas sobre a pré-história no Mediterrâneo oriental.

Para um observador distante, pode parecer que os pesquisadores norte-americanos estão engajados numa massa de pesquisas detalhadas, mas não se dedicam à solução dos problemas definitivos de uma história filosófica da civilização humana. Penso que tal interpretação da atitude desses estudiosos seria injusta, pois as questões definitivas nos são tão caras quanto aos outros pesquisadores. Apenas não temos a esperança de estarmos aptos a resolver um problema histórico complexo com uma fórmula.

Primeiro de tudo, todo o problema da história cultural se apresenta para nós como um problema histórico. Para entender a história é preciso conhecer não apenas como as coisas são, mas como elas se tornaram assim. No domínio da Etnologia, em que, para a maior parte do mundo, nenhum fato histórico está disponível, exceto aqueles que podem ser revelados pelo estudo arqueológico, todas as evidências de mudanças podem ser inferidas apenas por métodos indiretos. Suas características são exemplificadas pelas pesquisas dos estudiosos de Filologia comparativa. O método baseia-se na comparação dos fenômenos estáticos, combinada com o estudo de sua distribuição. O que pode ser obtido com a utilização desse método está bem ilustrado pelas pesquisas de Lowie sobre as sociedades guerreiras dos indígenas das planícies, ou pela pesquisa da moderna mitologia norte-americana. Sem dúvida, é verdade que nunca podemos esperar obter dados incontestáveis com relação à sequência cronológica dos eventos, mas é possível determinar alguns esboços gerais amplos com um alto grau de probabilidade, e mesmo de certeza.

Tão logo esses métodos são aplicados, a sociedade primitiva perde a aparência de absoluta estabilidade transmitida ao pesquisador que vê determinado povo apenas num dado momento. Todas as formas de culturas aparecem, com maior frequência, num estado de fluxo constante e sujeitas a modificações fundamentais.

É compreensível que, em nossas pesquisas, o problema da difusão assuma uma posição proeminente. É muito mais fácil provar a difusão do que acompanhar os desenvolvimentos produzidos por forças interiores, e os dados para esse estudo são obtidos com maior dificuldade. Contudo, eles podem ser observados em qualquer fenômeno de aculturação no qual elementos estrangeiros são remodelados segundo os padrões que prevalecem em seu novo ambiente, e podem também ser encontrados nos desenvolvimentos locais peculiares de ideias e atividades amplamente disseminadas. Não se tem levado a cabo com firmeza o estudo do desenvolvimento interno, não porque não seja importante de um ponto de vista teórico, mas principalmente pelas dificuldades metodológicas a ele inerentes. Talvez se deva reconhecer que, em anos recentes, esse problema atraiu a atenção, como fica manifesto nas pesquisas sobre os processos de aculturação e de interdependência de atividades culturais que estão atraindo a atenção de muitos pesquisadores.

A finalidade última dessas pesquisas enfatiza a importância de um aspecto comum a todos os fenômenos históricos. Enquanto nas ciências naturais estamos acostumados a considerar um dado número de causas e estudar seus efeitos, nos eventos históricos somos compelidos a considerar cada fenômeno não apenas como efeito, mas também como causa. Isso vale até mesmo na aplicação particular das leis da natureza física, como no estudo da Astronomia, em que a posição de certos corpos celestes num dado momento pode ser considerada efeito da gravitação, enquanto, e ao mesmo tempo, seu arranjo particular no espaço determina mudanças futuras. Essa relação aparece com muito mais clareza na história da civilização humana. Para dar um exemplo: um excedente de suprimento de alimentos pode levar a um aumento da população e do lazer, o que abre lugar para ocupações que não são absolutamente essenciais para as necessidades da vida cotidiana. Por outro lado, o aumento da população e do lazer pode se refletir em novas invenções, dando origem a um maior suprimento de alimentos e um aumento adicional na quantidade de tempo disponível para o lazer. Temos como resultado, portanto, um efeito cumulativo.

Considerações similares podem ser feitas com referência ao importante problema da relação do indivíduo com a sociedade, que deve ser levado em consideração sempre que estudarmos as condições dinâmicas de mudanças. As atividades do indivíduo são determinadas em grande medida por seu ambiente social; por sua vez, suas próprias atividades influenciam a sociedade em que ele vive, podendo nela gerar modificações de forma. Obviamente esse problema é um dos mais importantes a serem enfrentados nas pesquisas sobre as mudanças culturais. Ele também está começando a atrair a atenção de pesquisadores que não mais se satisfazem com a enumeração sistemática de crenças e costumes padronizados de uma tribo, e começam a se interessar pela questão de como o indivíduo reage à totalidade de seu ambiente social, assim como pelas diferenças de opinião e pelos modos de ação que ocorrem na sociedade primitiva e que produzem mudanças de consequências amplas.

Em resumo, o método que estamos tentando desenvolver baseia-se num estudo das mudanças dinâmicas na sociedade que podem ser observadas no tempo presente. Abstemonos de tentar solucionar os problemas fundamentais do desenvolvimento geral da civilização até que estejamos aptos a esclarecer os processos que ocorrem diante de nossos olhos.

Mesmo agora, certas conclusões gerais podem ser tiradas desse estudo. Em primeiro lugar, a história da civilização humana não se nos apresenta inteiramente determinada por uma necessidade psicológica que leva a uma evolução uniforme em todo o mundo. Vemos, ao contrário, que cada grupo cultural tem sua história própria e única, parcialmente dependente do desenvolvimento interno peculiar ao grupo social e parcialmente dependente de influências exteriores às quais ele tenha estado submetido. Tanto ocorrem processos de gradual diferenciação quanto de nivelamento de diferenças entre centros culturais vizinhos. Seria completamente impossível entender o que aconteceu a qualquer povo particular com base num único esquema evolucionário. Um exemplo claro de contraste com os dois pontos de vista é fornecido pela comparação entre o tratamento dado à civilização zuñi por Frank Hamilton Cushing, por um lado, e por pesquisadores modernos, em especial Elsie Clews Parsons, Leslie Spier, Ruth Benedict e Ruth Bunzel, por outro. Cushing acreditava ser possível explicar a cultura zuñi e seu ambiente geográfico, e que a totalidade da cultura zuñi pudesse ser explicada como um desenvolvimento necessário da posição que esse povo ocupava. Os profundos de Cushing sobre a mente indígena e seu conhecimento completo da vida mais íntima desse povo conferiram grande plausibilidade a suas interpretações. Por outro lado, os estudos da dra. Parsons provaram de maneira conclusiva a profunda influência que as ideias dos espanhóis tiveram sobre a cultura zuñi e, junto com as pesquisas do professor Kroeber, nos dão um dos melhores exemplos de aculturação de que temos notícia. A explicação psicológica é inteiramente equivocada, não obstante sua plausibilidade, e o estudo histórico nos mostra um quadro inteiramente diferente, no qual a condição atual foi ocasionada por uma combinação única de antigos elementos (que em si mesmos são, sem dúvida, complexos) e influências europeias.

Estudos da dinâmica da vida primitiva também demonstraram que uma suposição de estabilidade de longa duração, tal como a afirmada por Elliot Smith, não tem qualquer fundamento nos fatos. Onde quer que as condições primitivas tenham sido estudadas em detalhe, pode-se provar que elas estão num estado de fluxo, e parece que há um estrito paralelismo entre a história da linguagem e a história do desenvolvimento cultural geral. Períodos de estabilidade são seguidos por períodos de rápida mudança. É altamente improvável que se tenha preservado inalterado por milhares de anos qualquer costume de um povo primitivo. Além disso, os fenômenos de aculturação provam que são bastante raras as transferências de costumes de uma região para outra, sem que haja mudanças concomitantes produzidas pela aculturação. Portanto, é bem provável que antigos costumes mediterrâneos possam ser encontrados hoje em dia praticamente inalterados em diferentes partes do planeta, como exige a teoria de Elliot Smith.

Embora, em geral, o caráter histórico singular do desenvolvimento cultural em cada área persista como um elemento de destaque na história do desenvolvimento cultural, nós podemos ao mesmo tempo reconhecer que ocorrem certos paralelismos típicos. No entanto, não estamos muito inclinados a procurar essas similaridades em costumes detalhados, mas sim a buscar certas condições dinâmicas que devem ser atribuídas a causas sociais e psicológicas passíveis de produzir resultados similares. O aspecto da relação entre suprimento de alimentos e população, a que me referi anteriormente, pode servir de exemplo. Outro tipo é fornecido por aqueles casos em que um dado problema enfrentado pelo ser humano pode ser resolvido apenas por um número limitado de métodos. Quando, por exemplo, descobrimos que o casamento é uma instituição universal, podemos reconhecer que ele é possível apenas entre alguns homens e algumas mulheres; alguns homens e uma mulher; algumas mulheres e um homem ou um homem e uma mulher. Na realidade, essas formas são encontradas por toda parte, e, desse modo, não surpreende que formas análogas possam ter sido adotadas de modo totalmente independente em diferentes partes do mundo, e também não é surpreendente, consideradas tanto as condições econômicas gerais da humanidade quanto as características do instinto sexual nos animais superiores, que sejam raros os casamentos grupais e poliândricos, falando em termos comparativos. Ponderações similares também podem ser feitas em relação às opiniões filosóficas sustentadas pela humanidade. Em suma, se procuramos leis, elas estão relacionadas aos efeitos de condições fisiológicas, psicológicas e sociais, e não à sequência de realizações culturais.

Em alguns casos, uma sequência regular dessas civilizações pode acompanhar o desenvolvimento do estágio psicológico ou social. Isso é ilustrado pela sucessão de inventos industriais no Velho Mundo e na América do Norte, que considero independentes. Um período de coleta de alimentos e do uso da pedra foi seguido pela invenção da agricultura, da cerâmica e, finalmente, do uso de metais. Obviamente, essa ordem se baseia na crescente quantidade de tempo dada pela humanidade para o uso de produtos naturais, instrumentos e utensílios, e para as variações que com ele se desenvolveram. Embora nesse caso pareça existir paralelismo nos dois continentes, seria vão tentar levar a cabo uma ordenação detalhada. Na realidade, isso não se aplica a outras invenções. A domesticação de animais, que no Velho Mundo foi uma realização antiga, foi muito tardia no Novo Mundo, onde animais domesticados, exceto o cachorro, quase não existiam na época do descobrimento. Um tímido início havia ocorrido no Peru com a domesticação da lhama, e pássaros eram capturados em diversas partes do continente.

Uma consideração similar pode ser feita com relação ao desenvolvimento do racionalismo. Uma das características fundamentais da humanidade parece ser a passagem gradual, para objeto da razão, de atividades que se desenvolveram inconscientemente. Podemos observar esse processo por toda parte. Ele talvez apareça mais claramente na história da ciência, que ampliou gradualmente o escopo de suas pesquisas, trazendo à consciência humana atividades que eram executadas automaticamente na vida do indivíduo e da sociedade.

Não me referi até agora a outro aspecto da Etnologia moderna que está conectado com o desenvolvimento da Psicanálise. Sigmund Freud tentou mostrar que o pensamento primitivo é, em vários aspectos, análogo às formas de atividade psíquica individual que ele explorou com seus métodos psicanalíticos. Suas tentativas são em muitos aspectos similares à interpretação da mitologia feita por simbolistas como Stücken. Rivers apoderou-se da sugestão de Freud, bem como das interpretações de Graebner e Elliot Smith; por conseguinte, encontramos em seus escritos recentes uma peculiar aplicação desconexa da atitude psicologizante e da teoria da antiga transmissão.

Embora acredite que algumas das ideias subjacentes aos estudos psicanalíticos de Freud possam ser aplicadas de modo profícuo aos problemas etnológicos, não me parece que a utilização unilateral desse método fará avançar nossa compreensão do desenvolvimento da sociedade humana. Sem dúvida é verdade que se tem subestimado completamente a influência de impressões recebidas durante os primeiros anos de vida; que o comportamento social humano depende em grande medida dos primeiros hábitos que se estabeleceram antes da época em que a memória a ela conectada começou a operar; e que muitos traços considerados, por assim dizer, raciais ou hereditários são antes resultado da exposição precoce a certos tipos de condições sociais. A maioria desses hábitos não atinge a consciência, e, portanto, são dificilmente alterados. Muito da diferença no comportamento entre homem e mulher adultos pode remontar a essa causa. Se, no entanto, tentamos aplicar a teoria completa da influência de desejos reprimidos às atividades do ser humano que vive sob diferentes formações sociais, creio que estendemos além de seus limites legítimos as inferências que se podem fazer a partir da observação da psicologia normal e anormal dos indivíduos. Muitos outros fatores são de maior importância. Para dar um exemplo: os fenômenos da linguagem mostram claramente que condições bastante diferentes daquelas para as quais a psicanálise dirige sua atenção determinam o comportamento mental do ser humano. Os conceitos gerais subjacentes à linguagem são totalmente desconhecidos da maioria das pessoas. Eles não atingem a consciência até que se comece o estudo científico da gramática. Apesar disso, as categorias da linguagem nos compelem a ver o mundo arranjado em certos grupos conceituais determinados, que, pela nossa falta de conhecimento dos processos linguísticos, são tomados como categorias objetivas e, portanto, se impõem à forma de nossos pensamentos. Não se sabe qual pode ser a origem dessas categorias, mas parece totalmente certo que elas não têm nada em comum com os fenômenos que são objetos do estudo psicanalítico.

A aplicabilidade da teoria psicanalítica do simbolismo também está sujeita aos maiores questionamentos. Devemos lembrar que a interpretação simbólica ocupou uma posição proeminente na filosofia de todas as épocas. Ela está presente não apenas na vida primitiva: a história da filosofia e a da teologia abundam em exemplos de um alto desenvolvimento do simbolismo, cujo tipo depende da atitude mental do filósofo que a desenvolve. Os teólogos que interpretam a Bíblia com base no simbolismo religioso estavam tão certos da correção de suas opiniões quanto os psicanalistas a respeito de suas interpretações sobre a conduta e o pensamento baseados no simbolismo sexual. Os resultados de uma interpretação simbólica dependem primeiramente da atitude subjetiva do pesquisador, que ordena os fenômenos de acordo com o seu conceito dominante. Para se provar a aplicabilidade do simbolismo da psicanálise, seria necessário demonstrar que uma interpretação simbólica feita a partir de pontos de vista completamente diferentes não teria a mesma plausibilidade, e que seriam inadequadas as explanações que excluem o significado simbólico ou que o reduzem ao mínimo.

Portanto, embora possamos acolher a aplicação de cada avanço no método de pesquisa psicanalítica, não podemos aceitar como um avanço no método etnológico a transferência grosseira de um novo método unilateral de pesquisa psicológica do indivíduo para fenômenos sociais cuja origem pode ser demonstrada como historicamente determinada e estar sujeita a influências que não são nada comparáveis àquelas que controlam a psicologia do indivíduo.

Alguns problemas de metodologia nas ciências sociais

Pretendo falar sobre alguns problemas de metodologia nas ciências sociais. Permitam-me que me limite aos aspectos com os quais tenho que lidar como antropólogo.

Como Simmel acertadamente observou, o desenvolvimento das ciências sociais se deve em grande parte à tendência geral de nosso tempo de enfatizar as inter-relações entre os fenômenos da natureza, e também às tensões sociais que se desenvolveram em nossa civilização. Reconhecemos que o indivíduo só pode ser entendido como parte da sociedade à qual ele pertence, e que a sociedade só pode ser entendida com base nas inter-relações dos indivíduos que a constituem. Em tempos anteriores, a Psicologia experimental baseava-se na suposição de que o indivíduo existe *in vacuo*, que as atividades mentais são baseadas em grande medida no funcionamento organicamente determinado da estrutura do indivíduo. Essa atitude apresenta o contraste

| 87

mais marcante com a visão mais moderna, que requer uma compreensão do indivíduo, mesmo o mais jovem, como se reagisse a seu ambiente geral, e a seu ambiente social em particular. Os problemas das ciências sociais são assim facilmente definidos. Eles estão relacionados às formas de reação dos indivíduos, individualmente e em grupo, aos estímulos externos, às suas interações entre si e às formas sociais produzidas por esses processos.

É possível isolar várias tendências sociais aparentemente válidas em geral, assim como estudar as formas pelas quais elas expressam a si mesmas como suas bases psicológicas. Desse modo, podem-se estudar a coordenação e a subordinação dos seres humanos, a solidariedade dos grupos sociais e o antagonismo contra os de fora, a imitação de formas estrangeiras e a resistência a influências externas. Os resultados podem ser apresentados como um sistema das formas desenvolvidas sob essas tensões, ou de uma psicologia social, na qual as formas são analisadas tendo por base sua motivação psicológica.

Essas tentativas apoiam-se na pressuposição de tendências sociais geralmente válidas. Há uma questão, contudo, que cumpre responder antes de se tentar fazer a síntese delas: que tendências sociais são características genericamente humanas? É fácil nos confundirmos a esse respeito. Muito do nosso comportamento social é automático. Uma parcela pode ser instintiva, isto é, organicamente determinada, mas a maior parte está baseada em respostas condicionadas, isto é, determinadas por situações tão persistentes e que nos foram incutidas, deste tão cedo, que não estamos mais conscientes da natureza do comportamento, e geralmente também não temos consciência da possibilidade de um comportamento diferente. Assim, um exame crítico do que é válido em geral para toda a humanidade e do que é válido especificamente para diferentes tipos culturais torna-se um assunto de grande interesse para os estudiosos da sociedade. Esse é um dos problemas que nos levam a enfatizar, em particular, o estudo de culturas, o mínimo possível, relacionadas historicamente com a nossa própria. Tal estudo nos habilita a determinar aquelas tendências que são comuns a todo o gênero humano e as que pertencem apenas a sociedades humanas específicas.

Outro panorama abre-se quando perguntamos se as características da sociedade humana são ainda mais amplamente distribuídas, podendo ser encontradas também no mundo animal. É possível observar relações de indivíduos ou de grupos de indivíduos a partir de três pontos de vista; relações com o mundo exterior orgânico e inorgânico, relações entre membros do mesmo grupo social, e aquilo que, na falta do termo melhor, pode ser chamado de relações subjetivamente condicionadas. Por esse termo entendo aquelas atitudes que surgem gradualmente ao atribuirmos valores e significados às atividades: boas ou más, certas ou erradas, belas ou feias, intencionais ou causalmente determinadas. As relações com o mundo exterior orgânico e inorgânico são estabelecidas, sobretudo, pela obtenção da subsistência, pela proteção contra os rigores do clima e por limitações geográficas de vários tipos. As relações entre os membros de um mesmo grupo social incluem os relacionamentos entre os sexos, hábitos de constituição de grupos sociais e suas formas. Obviamente, esses aspectos da vida humana são compartilhados pelos animais. Suas necessidades alimentares são biologicamente determinadas e ajustadas ao ambiente geográfico no qual vivem. Há obtenção e armazenagem de comida tanto entre os animais quanto entre os seres humanos. A necessidade de proteção contra o clima e os inimigos também opera na sociedade animal, e são muito comuns os ajustes a essas necessidades, na forma de ninhos ou tocas. As relações entre membros de grupos sociais não estão menos presentes na vida animal, pois existem sociedades animais de estrutura diversificada. Parece, portanto, que um considerável campo de fenômenos sociais de modo algum pertence apenas ao ser humano, sendo compartilhado com o mundo animal. A questão que precisa ser respondida então é quais os traços comuns às sociedades humanas e animais?

O grande abismo entre o comportamento social animal e o humano surge apenas naquilo que chamamos de relações subjetivamente condicionadas. Mesmo aqui o abismo não é absoluto. Amor paterno, subordinação do indivíduo às necessidades sociais, proteção da propriedade individual ou social também podem ser observados no comportamento dos animais, e não parece possível distinguir claramente, a esse respeito, entre a base psicológica do comportamento animal e a do humano. Mesmo aquilo que designamos na sociedade humana de invenções e fruição do belo podem não estar completamente ausentes entre os animais.

Se afirmamos que o comportamento dos animais é, em grande parte, instintivo, queremos dizer que muito dele é organicamente determinado, não aprendido. No entanto, sabemos que os animais aprendem e certos padrões de comportamento são expressões de adaptações adquiridas.

A diferença entre cultura humana e comportamento animal é em grande medida baseada no número imensamente ampliado de adaptações aprendidas e que dependem daquilo que estamos chamando de ralações subjetivamente condicionadas. É bom esclarecer que o aparecimento objetivo das atividades industriais humanas durante o período paleolítico dá a impressão de uma estabilidade ao longo de incontáveis gerações. Podemos daí inferir que as atitudes subjetivamente determinadas eram fracas e que as relações com o mundo exterior e as formas fixas de contato social controlavam quase completamente a vida. A rapidez sempre crescente no ritmo das mudanças, tal como nos ensinam a pesquisa sobre a pré-história e o conhecimento da história humana, exprime a crescente importância das reações subjetivamente condicionadas. Pela grande variedade de formas que se desenvolveram sob estresse no decorrer do tempo, o problema daquilo que é genericamente humano e do que é característico de sociedades específicas impõe-se como algo da maior importância e que requer um estudo detalhado.

Podemos observar que certas atitudes são universalmente humanas, mas que em cada sociedade singular assumem formas específicas, ou ainda, que em certas sociedades a pressão social pode ser tão forte, que a atitude geral parece ter sido suprimida. Um sério perigo reside no erro metodológico de conceber a forma como indissoluvelmente ligada à atitude. Um exemplo é dado pelo pudor. Certas formas de pudor ocorrem em toda parte, mas elas diferem enormemente em natureza. As mais frequentes estão ligadas ao comportamento relativo a funções fisiológicas e atos sexuais. Até hoje é quase impossível determinar qual é a base genericamente humana do pudor e em que medida ela é uma característica aprendida. Não há dúvida de que formas específicas são culturalmente adquiridas, mas permanece um resíduo genericamente humano ainda não definido de maneira adequada. Embora nesse campo existam tentativas de separar aquilo que é genericamente humano do que é culturalmente específico, há muitos outros campos nos quais o caráter especificamente cultural do fenômeno não é reconhecido com clareza suficiente. O método de pesquisa precisa basear-se em comparações e analogias do fenômeno em questão, tal como ele aparece em diferentes culturas.

Nessas pesquisas, temos de nos precaver contra um perigo em particular. Podemos encontrar similaridades objetivas que nos deem uma enganosa impressão de identidade, quando de fato podemos estar lidando com fenômenos bastante distintos. Exemplo disso são as amplamente difundidas cerimônias da adolescência, sobretudo as dos meninos, que logo associamos ao estado mental conturbado que acompanha a aproximação da maturidade. Tenho poucas dúvidas de que esses ritos não têm nada a ver com aquelas atitudes mentais que nos são familiares em nossa civilização. São antes determinados pela crescente participação do indivíduo adolescente nos assuntos da tribo, das mais diversas formas. Parece bastante provável que a origem desses ritos seja responsável por uma grande variedade de condições sociais. E que também a ela possam ser atribuídas às grandes variações de idade em que esses ritos ocorrem, e que não são de forma alguma coincidentes com o período em que se aproxima da maturidade sexual.

Muitas vezes, chama-se a atenção para o perigo inerente à identificação dos fenômenos sociais que acabamos classificando sob um único termo. A pesquisa de Goldenweiser sobre o totemismo é um exemplo disso. As variedades de formas de descendência matrilinear também mostram a possibilidade de que costumes análogos se originem em diferentes fontes.

Desse modo, frequentemente o problema se desloca da descoberta das causas psicológicas fundamentais das formas mais generalizadas de comportamento para a tentativa de compreender por que impulsos psicológicos tão diversos tendem a desenvolver formas objetivamente similares, ou por que se podem explicar formas similares por meio de uma variedade de motivações psíquicas.

Talvez pareça que os problemas de que tenho aqui tratado pertencem mais à Psicologia Social e à Sociologia do que à Antropologia, mas eles só podem ser solucionados pelo uso de material antropológico.

Voltar-me-ei para outra questão, que diz respeito particularmente à Antropologia, embora não seja estranha às outras ciências sociais. A Sociologia, se compreendo corretamente sua história, tem-se desenvolvido com o reconhecimento crescente da integração da cultura. Há a Economia, a Política, a Pedagogia e a Linguística como ramos individuais do conhecimento, mas não existe um ponto de vista científico que trate daquilo que é comum a todos eles, nem um caminho para determinar a interação desses vários aspectos da cultura. A Antropologia também se defronta com dificuldade similar. A maior parte da literatura antropológica nos dá informações sobre vida econômica, invenções, estrutura social, crenças religiosas e arte de certos grupos tribais, como se eles fossem unidades independentes, que não exercessem influência umas sobre as outras. Nas áreas sobre as quais se dispõe de informação mais completa, podemos conhecer o progresso histórico de todos esses aspectos da vida social, de seu desenvolvimento interno e das influências exteriores que contribuíram para seu crescimento numa cultura particular.

A compreensão de uma cultura estrangeira só pode ser alcançada pela análise, e somos compelidos a apreender seus vários aspectos sucessivamente. Além disso, cada elemento contém traços claros das mudanças que sofreu no tempo. Isso pode ser devido a forças internas ou à influência de culturas estrangeiras. A análise completa precisa necessariamente incluir as fases que levaram à sua forma atual. Não pretendo discutir aqui os métodos pelos quais se pode fazer uma reconstrução parcial da história de culturas primitivas pertencentes a povos sem registros escritos e sem tradições orais confiáveis. Vou apenas mencionar que nossa abordagem principal tem sido feita pela Arqueologia pré-histórica, o estudo da distribuição geográfica e métodos análogos àqueles aplicados com sucesso no estudo da história e da pré-história das línguas europeias. Como se vê nesse último exemplo, o estudo analítico das sequências históricas da cultura nos dá, antes de mais nada, uma história em separado de cada aspecto: a linguagem, a invenção, a vida econômica, o sistema social e a religião.

Isso nos deixa com pouca informação acerca da interação de todos esses aspectos da cultura primitiva, embora seja óbvio que deve haver relações entre eles. Exige-se tanto do caçador esquimó que seu tempo fica completamente ocupado, impossibilitando que ele dedique grandes períodos para as ocasiões festivas; a necessidade de deslocar-se sem qualquer outro meio de transporte que não os pés restringe a quantidade e o tamanho da propriedade familiar dos bosquímanos e dos australianos. Cumpre realizar uma síntese dos elementos da cultura que nos dê uma interpretação mais profunda sobre a natureza.

Certas linhas de pesquisa se desenvolveram com a finalidade de explicar como as complexidades da vida cultural dependem de um único conjunto de condições. Exatamente agora, vem-se atribuindo grande ênfase à raça como um determinante da cultura. Desde a ambiciosa tentativa de Gobineau de explicar as características nacionais como decorrentes da origem racial, e desde o reconhecimento da importância da hereditariedade como determinante das características de cada indivíduo, a crença em atributos hereditários e raciais conquistou muitos adeptos. Não acredito que se tenha dado até hoje qualquer prova convincente de uma relação direta entre raça e cultura. É verdade que as culturas humanas e os tipos raciais são tão distribuídos, que toda área tem seu próprio tipo e sua própria cultura, mas isso não prova que um determine a forma da outra. Igualmente é verdade que toda área geográfica tem sua própria formação geológica e sua própria flora e fauna, mas as camadas geológicas não determinam diretamente as espécies de plantas e animais que ali vivem. O erro das teorias modernas em grande parte se deve a uma extensão imprópria do conceito de "hereditariedade individual" para o de hereditariedade racial. A hereditariedade atua apenas em linhagens de descendência direta. Não há unidade de descendência em qualquer das raças existentes, e nada nos autoriza a supor que as características mentais de algumas poucas linhagens familiares selecionadas sejam compartilhadas por todos os membros de uma raça. Pelo contrário, todas as grandes raças são tão variáveis, e as características funcionais das linhagens hereditárias que as compõem, tão diversas, que se podem encontrar linhagens familiares semelhantes em todas as raças, particularmente em todas as divisões e em todos os tipos locais estreitamente relacionados da mesma raça. Características hereditárias *têm* um valor cultural quando são *socialmente* significantes, como nos casos de discriminação racial ou naquelas condições culturais em que uma linhagem especialmente dotada tem a oportunidade de imprimir sua marca na cultura geral. Qualquer tentativa de explicar as formas culturais numa base puramente biológica está fadada ao fracasso.

Outra linha de pesquisa com a qual se tem buscado explicar as formas culturais é o estudo de suas relações com as condições geográficas. Karl Ritter, Guyot, Ratzel, De la Blache e Jean Brunhes devotam-se a esse problema. Para o antropólogo, as tentativas realizadas permanecem insatisfatórias. Não há dúvidas de que a vida cultural do ser humano é de muitos e importantes modos limitada pelas condições geográficas. A falta de produtos vegetais no Ártico, a ausência de pedras em extensas áreas da América do Sul e a escassez de água no deserto, para mencionar apenas alguns exemplos notáveis, limitam de modo claro as atividades humanas. Por outro lado, pode-se também mostrar que, numa dada cultura, a presença de condições geográficas favoráveis talvez ajude o desenvolvimento de traços culturais existentes. Isso é observado com maior clareza na civilização moderna, em que a utilização de recursos naturais atingiu um grau de perfeição muito mais elevado do que na vida primitiva; mas, mesmo em nossa civilização, é possível perceber que as condições geográficas se impõem apenas quando as condições culturais tornam a sua utilização importante. A descoberta do uso do carvão, a possibilidade de se processar minérios, a descoberta de aplicações para metais raros e a invenção do papel feito de celulose, tudo isso modificou nossas relações com o meio ambiente. Com os usos mais limitados que o ser humano primitivo faz dos recursos da natureza e com a maior diversidade de suas limitadas invenções, não surpreende que a influência determinante do meio ambiente sobre a cultura fosse ali menor do que na vida moderna. As condições ambientais podem estimular as atividades culturais existentes, mas elas não têm força criativa. O solo mais fértil não cria a agricultura; as águas navegáveis não criam a navegação; um abundante suprimento de madeira não produz edificações de madeira; mas onde quer que exista agricultura, arte da navegação e arquitetura, todas essas atividades serão estimuladas e parcialmente moldadas segundo as condições geográficas. O mesmo meio ambiente irá influenciar a cultura de maneiras diversas, de acordo com os bens culturais dos povos. As planícies ocidentais de nosso país, que influenciaram o índio de um modo específico antes de ele ter cavalos, o influenciou de outra forma após ele ter adquirido cavalo; e novamente diferente é sua influência sobre a vida do moderno povoador agrícola, pastoril ou industrial.

Desse modo, é infrutífero tentar explicar a cultura em termos geográficos, pois não conhecemos sequer uma cultura que tenha se desenvolvido como resposta imediata às condições geográficas; sabemos apenas de culturas influenciadas por elas. Sem dúvida a localização de uma população — quer possibilite contatos múltiplos e fáceis com vizinhos de outras culturas, quer esteja situada em áreas inacessíveis — influencia o desenvolvimento de sua cultura, pois a resposta aos estímulos externos, o conhecimento de novos modos de agir e de pensar são elementos importantes para promover mudanças culturais. Entretanto, as relações espaciais dão apenas a oportunidade para o contato; os processos são culturais e não podem ser reduzidos a termos geográficos.

Não muito diferentes são os esforços para interpretar o desenvolvimento da cultura humana em termos econômicos. As antigas tentativas de Morgan em associar organização social e condições econômicas provaram ser falaciosas, e experiências mais recentes de interpretar as formas culturais como produtos de condições puramente econômicas têm sido igualmente malsucedidas. As inter-relações entre condições econômicas e cultura são sem dúvida mais estreitas do que aquelas entre condições geográficas e cultura. Uma razão disso é que as condições econômicas fazem parte da vida cultural. Mas elas não são as únicas determinantes: ambas são tanto determinadas quanto determinantes. Nada na vida econômica irá tornar o ser humano um agricultor ou um pastor. Essas artes se desenvolveram da experiência conquistada no contato do ser humano com plantas e animais, que, por si sós, estão apenas indiretamente relacionadas às condições econômicas. É ainda menos possível explicar formas sociais complexas, ideias religiosas ou estilos artísticos como frutos de necessidades econômicas. Atitudes mentais de uma ordem diferente são determinantes nesses aspectos da vida social. É verdade que as condições econômicas determinam o meio no qual essas atitudes entram em operação; sua ação pode ser facilitada ou dificultada por condições econômicas favoráveis ou desfavoráveis; mas suas formas não serão determinadas por elas. Quando as condições econômicas não permitem que os seres humanos tenham tempo livre para realizar trabalhos artesanais, a atividade artística não pode florescer; uma vida nômade imposta por necessidades econômicas, e que não disponha de meios de transporte, impede a acumulação de grandes volumes de propriedades. Inversamente, lazer e estabilidade de localização favorecem o aumento da produção artesanal e o desenvolvimento da atividade artística, mas não criam o tipo particular de artesanato ou de estilo artístico.

Nossa experiência diz que as tentativas de desenvolver leis gerais de integração da cultura não produzem resultados significativos. Poderíamos pensar que a religião e a arte estão estreitamente associadas, mas os estudos comparativos mostram apenas que as formas artísticas podem ser usadas para expressar ideias religiosas; um resultado que não é de grande valor. Em alguns casos a significação religiosa da arte atuará como estímulo no sentido do desenvolvimento de um estilo superior; em outros casos, induzirá a uma execução desleixada, talvez pela breve utilidade do objeto. Em outros casos, ainda, pode-se proibir a representação artística de ideias religiosas. No entanto, em cada caso específico, o tipo particular de integração entre arte e religião pode ser reconhecido como uma importante característica social. É lícito fazer observações similares em relação à organização social e às atividades industriais. Não há lei significativa que consiga cobrir todos os aspectos de suas relações. Existem artes industriais simples e organizações complexas, ou indústrias variadas e organizações simples; há divisão de trabalho em tribos com artes industriais variadas. Tudo o que se pode reivindicar é que, com certa medida de diversificação e com a necessidade de produção em grandes quantidades, a divisão do trabalho se torna necessária. Em resumo, continua sempre presente o perigo de que as generalizações mais amplas que se pode alcançar com o estudo da integração cultural se tornem lugares-comuns.

Isso se deve ao caráter das ciências sociais, em particular da Antropologia, como ciências históricas. Muitas vezes reivindica-se como uma característica das *Geisteswissenschaften* o fato de que o centro das investigações seja o caso individual, enquanto a análise dos muitos traços que formam o caso individual são os objetivos primários da pesquisa. A existência de leis válidas pode, em geral, ser verificada apenas quando todas as séries independentes de eventos exibem características comuns. A validade da lei está sempre confinada ao grupo que exibe essas características comuns. Aliás, isso vigora não apenas para as *Geisteswissenschaften*, mas também para qualquer ciência que lide com formas específicas. O interesse do astrônomo recai sobre distribuição, movimento e constituição reais das estrelas, e não sobre as leis físicas e químicas gerais. O geólogo se preocupa com as camadas e os movimentos da crosta terrestre e pode reconhecer certas leis que estão ligadas à recorrência de formas similares. Não importa o quanto ele possa generalizar, suas generalizações estarão ligadas a certas formas específicas. O mesmo ocorre com as ciências sociais. A análise dos fenômenos é nosso objetivo primordial. Generalizações serão tão mais significativas quanto mais nos limitemos a formas definidas. As tentativas de reduzir todos os fenômenos sociais a um sistema fechado de leis aplicáveis a toda sociedade e que explique sua estrutura e história não parecem um empreendimento promissor.

Essas considerações levam-nos a outro problema metodológico. As tentativas de correlacionar diversos aspectos da cultura implicam a necessidade de um estudo da dinâmica de sua interrelação. O material a nosso dispor é a descrição analítica das formas culturais. Isto, e mais as dificuldades práticas da pesquisa etnológica, faz com que a maior parte do material disponível seja por demais padronizado. Recebemos uma lista de invenções, instituições e ideias, mas aprendemos pouco ou nada sobre o modo pelo qual o indivíduo vive sob essas instituições, com essas invenções e ideias, da mesma forma que não sabemos como suas atividades afetam os grupos culturais dos quais ele participa. As informações sobre esses pontos são extremamente necessárias, pois a dinâmica da vida social só pode ser compreendida com base na reação do indivíduo à cultura na qual vive e na sua influência sobre a sociedade. Vários aspectos do problema da mudança cultural só podem ser interpretados sobre esse fundamento.

Deve-se compreender claramente que a análise histórica não nos ajuda na solução dessas questões. Podemos conhecer a história de uma língua em maior detalhe — mas esse conhecimento não explica como o falante que emprega essa língua em sua forma atual, a única que lhe é conhecida, reagirá a essa utilização. O conhecimento da história do maometismo na África e de sua influência no Sudão nada adiciona à compreensão do comportamento do negro que vive na cultura atual. As condições existentes nos podem ser objetivamente conhecidas no seu cenário histórico total. Afetam o indivíduo que nelas vive, e ele afeta-as somente tal como elas existem hoje. Podemos objetivamente ter uma melhor compreensão pelo conhecimento de sua história, mas isso não diz respeito ao indivíduo que tenha absorvido todos os elementos de sua cultura. Se conhecêssemos completamente a totalidade do cenário biológico, geográfico e cultural de uma sociedade, e se compreendêssemos em detalhe os modos como seus membros e a sociedade como um todo reagem a essas condições, talvez não precisássemos do conhecimento histórico sobre a origem da sociedade para compreender seu comportamento. O erro da Antropologia antiga consistia em utilizar material desse tipo, colhido sem exame crítico, para reconstruções históricas. Para isso ele não tem valor. Um dos erros da Antropologia moderna, a meu ver, reside na ênfase excessiva na reconstrução histórica, cuja importância não deve ser minimizada, como algo oposto a um estudo aprofundado do indivíduo sob a pressão da cultura em que ele vive.

Métodos
de pesquisa

As tentativas de explicar os fenômenos étnicos por analogia com as de outras ciências parecem ser uma expressão da incapacidade do pesquisador, do qual se exige o desenvolvimento de um método rígido de lidar com seus problemas. Herbert Spencer baseou seu sistema na analogia entre a sociedade e um organismo.[1] Essa analogia foi ainda mais rigidamente trabalhada por A. Schäffle.[2] Mais tarde, estimulada por observações e hipóteses biológicas, a analogia entre fenômenos étnicos e recapitulação orgânica da filogenia na ontogenia tornou-se um tema favorito dos teóricos que buscavam no desenvolvimento da criança uma repetição do desenvolvimento da raça, e tentaram explicar a psicologia infantil com base em uma história construída da cultura humana e vice-versa. Esta é, em grande parte, a base de certas pesquisas da Psicologia do Desenvolvimento.[3] Atualmente, os costumes peculiares de muitos povos primitivos nos lembram de ações dos mentalmente perturbados que estão sendo utilizados para explicar fenômenos étnicos de grupos perfeitamente saudáveis do ser humano primitivo. As interpretações fantasiosas da psicanálise, em minha opinião, duvidosas, são transferidas para o domínio da vida primitiva, embora os conflitos em culturas estrangeiras possam se basear em condições sociais inteiramente distintas das nossas. Tais analogias me parecem totalmente enganosas. Devemos antes tentar pesquisar a vida primitiva de forma puramente objetiva.

Deve-se perguntar quais são os dados que podem ser assegurados e quais são os nossos objetivos.

Durante muito tempo as condições foram tais que tivemos que encontrar, antes de tudo, um padrão pelo qual as atividades dos membros de culturas estrangeiras pudessem ser descritas. Em outras palavras, o artesanato, as condições econômicas, as crenças e as práticas dos povos primitivos tinham que ser descritas de acordo com as observações gerais e informações recebidas pelo observador. O indivíduo não era importante em comparação com os padrões gerais de cultura. Mesmo nos livros que descrevem as características dos povos europeus ou asiáticos há uma clara tendência a isolar da massa de comportamento individual variável o que é característico de um povo como um todo. O fatalismo do turco, a mente lógica dos franceses, o sentimentalismo dos alemães, são traços que são meras abstrações derivadas de impressões gerais.

A dificuldade essencial para obter uma compreensão clara do problema é que não sabemos como as culturas primitivas vieram a ser o que são. A imagem padronizada surge como um tecido estável. Não sabemos de onde veio nem para onde ela se desviaria se deixada sozinha.

No desenvolvimento da pesquisa científica, várias questões se desenvolvem; em primeiro lugar, o problema de saber se uma causa pode ser encontrada para o comportamento estático específico que foi observado. A resposta pode ser procurada em várias direções: pode-se perguntar se ela é determinada pelo caráter físico das pessoas ou pelo ambiente social e geográfico; ou se é devida a causas históricas. Buscaram-se respostas especulativas em todas essas direções. Nas páginas 117-21,[*] discutimos e criticamos a teoria que atribui o caráter e os costumes de um povo à sua construção física. Repetimos que a prova de uma influência importante da descendência racial não foi dada. Individualmente, a determinação hereditária do comportamento sob determinadas condições é em hipótese importante; mas como cada raça inclui um grande número de linhagens biologicamente distintas que, em relação às suas atividades funcionais, se sobrepõem, a raça por si só não pode ter uma influência essencial sobre o comportamento cultural. A distinção entre o comportamento de linhagens de animais domesticados de raça pura que mostram personalidades raciais decididamente distintas e as raças humanas que incluem muitas variedades de personalidade deve ser novamente enfatizada.

Nem mesmo o biólogo mais obstinado ousaria afirmar que o padrão cultural de um grupo de pessoas da mesma descendência sempre permaneceu o mesmo. Os pigmeus sem miscigenação que vivem na floresta e seus congêneres

---

[*] N. T.: Boas se refere à obra *General Anthropologie*, da qual esse texto originalmente faz parte. Cf. *General Anthropology*. New York: D. C. Heath and Company, 1938, pp. 117-21.

formando regimentos sob ordens do Mangbattu dificilmente são culturalmente idênticos; nem os turcos que se espalharam pela Europa são os mesmos que os kemalitas de nossos dias. O índio das planícies nos tempos em que a distinção era obtida por atos bélicos e seu descendente pobre de nossos dias são mundos culturalmente distintos. Os zulus da época de Chaka e aquele que estuda assiduamente artes e ciências são do mesmo sangue, mas suas mentes correm em canais diferentes.

Não pode ser demonstrado pela mais ampla extensão da imaginação que a descendência impossibilita a participação em qualquer tipo de cultura, desde que o indivíduo seja completamente uma das pessoas entre as quais vive e, o que é mais importante, seja considerado também pela sociedade como um de seus membros.

A abordagem biológica não é promissora quando desejamos entender a história das culturas. Também mostramos as limitações das tentativas de explicar a cultura como por meio de fatores ambientais e econômicos. Estes influenciam as culturas existentes, limitando certas atividades e facilitando outras, mas não criam cultura. Em uma análise da cultura, essas influências devem ser consideradas, mas não explicam os fundamentos do tecido.

Os meios indispensáveis para esclarecer a história da cultura são dados que apresentam as mudanças reais de tempos passados, e não a imagem estática do nosso tempo. Infelizmente, esses dados não são passíveis de observação. Sob condições excepcionalmente favoráveis, os dados arqueológicos nos dão informações sobre as mudanças graduais da cultura material e permitem também inferências sobre alguns aspectos da vida interior dos povos. Países áridos como Egito, grandes partes da Ásia, sudoeste dos Estados Unidos, partes do México, Peru e Bolívia são desse tipo. Cada um desses países produziu dados que nos permitem ver culturas em mudança, tipos locais que se desenvolvem aqui e ali, desenvolvimentos internos e elementos estrangeiros que dão origem a novas formas. A pré-história da Europa, não obstante todos os seus problemas duvidosos, apresenta o mesmo quadro.

Seguramente, a maior parte do mundo não permite a aplicação desse método, seja devido à falta de material pré-histórico, seja devido a interrupções no registro por um deslocamento repentino de um povo por outro. Nessas circunstâncias, não há material verdadeiramente histórico disponível, e quaisquer resultados que possam ser obtidos devem ser baseados nas condições existentes na época em que cada cultura foi estudada. Os dados históricos só podem ser inferidos a partir destes.

A tradição dos povos primitivos é um guia inseguro para a reconstrução da história cultural. Em geral, o conhecimento do passado, estimado pelos povos primitivos, é subestimado. Em muitos casos, os nomes de sete ou mais gerações de ancestrais são lembrados, mas os detalhes relativos a suas vidas são escassos e muitas vezes não contam mais do que seus casamentos e atos bélicos, que do ponto de vista da história cultural esclarecem pouco. Na América do Norte, ouve-se falar da época em que os cavalos foram introduzidos entre uma determinada tribo. Os esquimós da baía de Frobisher recordam muitos detalhes da visita de Frobisher em 1577. Mais frequentemente a tradição remota se torna fantástica e misturada a contos míticos. Contos de migrações são particularmente suscetíveis de serem puramente mitológicos. Portanto, tradições de tempos antigos que contêm elementos aparentemente importantes do ponto de vista histórico só podem ser utilizadas se houver ampla evidência corroborativa.

Se cada cultura fosse absolutamente isolada, o único método possível consistiria em uma comparação de características semelhantes e de inferências que poderiam ser baseadas nelas. As compilações de Frazer,[4] Spencer, Bastian e muitos outros são baseadas nessa suposição. O método está viciado por dois fatores: que as culturas não são isoladas, mas interdependentes; que as analogias de traços culturais são muitas vezes falaciosas e levam a identificações errôneas de diversos fenômenos.

O próprio fato de as culturas serem interdependentes nos permite reconstruir os acontecimentos históricos com um grau razoável de certeza. É o grande mérito de Ratzel ter enfatizado essa possibilidade. Em alguns casos podem ser obtidos resultados concretos. Como exemplo, podemos lembrar a distribuição do milho na América. Quando se soube que o México era o habitat da planta selvagem da qual descendia o milho indígena, concluiu-se que o cultivo deve ter se espalhado de norte a sul. Da mesma forma se dá com todos os outros recursos cuja origem pode ser determinada. Se por sorte a evidência arqueológica nos der uma pista sobre a época em que eles apareceram pela primeira vez em determinada área, talvez seja possível reconstruir algum tipo de cronologia aproximada. Condições semelhantes prevalecem quando a importação de materiais estrangeiros indica a direção do comércio, particularmente quando o manuseio do material imita os métodos em uso no local de sua origem.

A observação de que muitas características culturais estão espalhadas por áreas geográficas limitadas e não ocorrem fora delas nos fornece um meio de estudar as relações culturais. A Dança do Sol, por exemplo, está confinada à bacia do Mississippi e à parte da vizinhança circundante. Ela tem muitas características locais distintas, mas o complexo como um todo, com muitos detalhes, é comum a toda a área. Por isso, é seguro supor que ela se originou aqui e foi adotada por muitas tribos que diferem em muitos outros aspectos.

Aqui, no entanto, surge a questão de saber se podemos determinar o local de origem. Muitos etnólogos defendem a opinião de que onde quer que uma determinada característica cultural mostre seu desenvolvimento mais forte, diminuindo em complexidade e importância conforme aumenta a distância de seu centro, deve ser sua origem.

Não é preciso muita reflexão para reconhecer que, embora possa ser o caso, não é de forma alguma uma conclusão necessária a ser derivada dos fatos. Seria igualmente possível supor uma ampla distribuição da característica básica que obteve seu maior desenvolvimento localmente. Pode até acontecer que uma importação estrangeira se enraíze e se desenvolva vigorosamente em um novo solo. O argumento é tão pouco conclusivo que é como se assumíssemos que uma planta, como a ginkgo, hoje confinada a uma localidade, teria se originado ali, enquanto a Paleontologia prova que sua distribuição em tempos anteriores era muito ampla.

Em outras palavras, embora possamos provar em muitos casos que ocorreu a disseminação, muitas vezes é impossível determinar sua direção. Em alguns casos, há uma forte plausibilidade para a direção na qual os traços culturais podem ter percorrido, particularmente quando as linhas de difusão dispersas emanam de um centro ou quando alguns elementos dispersos são intercalados em uma cultura estrangeira. Um exemplo de tal ocorrência é a história americana do dilúvio, que termina com o mergulho de animais na terra. Isso ocorre em uma área sólida na região dos Grandes Lagos e mais a oeste. Na costa do Pacífico, ela é encontrada em alguns pontos isolados ao longo das rotas comerciais, na Colúmbia Britânica e na Califórnia, mas em formas muito fragmentadas e altamente modificadas. Não parece provável que devamos procurar sua origem na costa do Pacífico. Se fosse de ampla distribuição naquela região, a questão seria duvidosa. Um exemplo da ocorrência dispersa de elementos estrangeiros é o de algumas histórias indígenas entre os esquimós, poucas em número e bastante distintas em caráter. Outro caso é o da agricultura no norte da Austrália, uma característica cultural estranha ao restante do continente. De modo geral, a direção da difusão e a localização da origem não podem ser determinadas com frequência, ao passo que as relações históricas podem ser demonstradas.

As áreas de distribuição são mais expressivas no domínio da cultura material, porque sob métodos semelhantes de obtenção de sustento, que são controlados por condições geográficas, complexos inteiros de objetos e atividades são comuns a áreas bastante extensas. Com base nisso, o conceito de "áreas de cultura" se desenvolveu primeiramente como uma conveniência na administração de museus, porque tornou possível agrupar material de muitas unidades tribais diferentes em um esquema abrangente.

Infelizmente, o objetivo principal desse agrupamento foi logo esquecido e as áreas da cultura foram assumidas como sendo um grupo natural que dividiu a humanidade em tantos grupos culturais. Na verdade, o estudioso interessado em religião, organização social ou algum outro aspecto da cultura logo descobriria que as áreas de cultura baseadas na cultura material não coincidem com aquelas que naturalmente resultariam de seus estudos. Isso é mais facilmente visto no completo desacordo entre os grupos linguísticos e as áreas culturais. As tentativas de mapear a distribuição de traços culturais definidos que ocorrem em áreas contínuas provam que várias formas se sobrepõem irregularmente. As áreas culturais só têm significado do ponto de vista particular a partir do qual foram obtidas. Para dar apenas um exemplo: a forma de cultura material das tribos do norte da Ilha de Vancouver é tão semelhante à da costa norte da Colúmbia Britânica que seria difícil diferenciar as duas. Por outro lado, a organização social e o conceito de "origem" das famílias são totalmente diferentes.

O estabelecimento de áreas de cultura como unidades de validade geral também levou ao conceito "culturas marginais", que podem ser consideradas inferiores aos centros nos quais as características da área de cultura estão mais plenamente desenvolvidas. Aqui também surgem graves mal-entendidos se generalizarmos esse conceito. Pode ser que uma cultura não esteja tão institucionalizada como outra vizinha e que, ao mesmo tempo, os bens materiais possam ser menos complexos. Não significa que a vida cultural do povo seja mais pobre, pois não é tão fácil para o observador formalizar uma cultura que permita maior liberdade ao indivíduo.

O conceito de "área de cultura" deve, portanto, sempre ser utilizado com uma clara compreensão de suas limitações.

Falamos até aqui da possibilidade de analisar uma cultura em relação à proveniência dos elementos que compõem o todo. Há outros indícios que nos permitem, de vez em quando, inferir que novos desenvolvimentos ocorreram. Esse é o caso particularmente quando uma característica cultural aparece em forte contraste com as necessidades da vida cotidiana. Um exemplo é a tenda de pele de rena dos chukchee, extremamente complicado, difícil de transportar por causa do peso da cobertura e das muitas estacas necessárias para sua montagem. Seu formato pode ser derivado da casa semissubterrânea dos chukchee marítimos, que tem paredes baixas e um teto plano. A disposição das paredes baixas é imitada por uma série de tripés baixos dispostos em círculo sobre os quais se ergue o telhado. O contraste entre essa tenda e a tenda leve do esquimó, que pode ser transportada em um único trenó, é marcante. Um caso semelhante é provavelmente a casa semissubterrânea do noroeste dos Estados Unidos, que se estende por parte da Califórnia e tem seu análogo no kiva cerimonial dos pueblos, em cujas condições climáticas locais não é necessária a proteção oferecida por essa estrutura em climas mais inóspitos.

Todo o conjunto de "sobreviventes" que tem sido tão exaustivamente explorado por Tylor pertence a esse grupo. Não há dúvida de que uma análise minuciosa das culturas indicará a persistência de estágios anteriores. Estou propenso a acreditar que o costume dos índios da costa noroeste de fazer com que certos iniciados entrem pelo telhado, e suas histórias de seres sobrenaturais que se aproximam pelo telhado, indicam que, em tempos remotos, alojamentos subterrâneos com entrada pelo teto eram usados ou pelo menos conhecidos pelo povo.

Nessas tentativas somos naturalmente levados ao problema de decidir quais são os traços mais antigos de uma cultura. Se fosse possível apontar cronologicamente aqueles traços que são introduções tardias, esse problema estaria resolvido, mas parece mais do que duvidoso que um método geralmente válido possa ser descoberto, exceto nos casos de ocorrência de sobreviventes discordantes. Exemplos: o costume de usar implementos de pedra em rituais muito depois da invenção do bronze ou ferro; a produção de fogo por atrito quando métodos mais eficazes eram conhecidos; e os muitos casos de resistência conservadora em nossa própria cultura a mudanças cuja utilidade é prontamente reconhecida — por exemplo, a resistência a mudanças nas formas de nosso alfabeto, teclado do piano, nosso calendário, nosso sistema de medidas.

Se fosse possível determinar certos grupos de fenômenos étnicos que são excepcionalmente constantes e que são sempre estáveis, nosso problema poderia ser resolvido. Tipo físico, linguagem, organização social, invenção, ideias religiosas, todos podem ser estáveis ou instáveis, de acordo com as condições locais e históricas. Enquanto, por causa de seus diversos graus de estabilidade ou instabilidade, não se desenvolverem graves conflitos internos, podem existir os mais heterogêneos conjuntos de traços culturais, nas quais é impossível determinar o que é antigo e o que é novo. Sempre se desenvolve algum tipo de formalização que torna compatíveis ideias aparentemente contraditórias.

O estudo da distribuição de traços culturais que discutimos até agora nos dará uma quantidade limitada de informações a respeito de fatos históricos, ilustrando as antigas relações entre tribos.

O problema do desenvolvimento da cultura não se esgota de forma alguma, nem mesmo com as informações mais completas que podem ser obtidas pelo estudo da arqueologia e da difusão. Apesar das incongruências que nunca estão totalmente ausentes, cada cultura é um todo e sua forma tem uma força dinâmica que determina o comportamento da massa de indivíduos. É somente a partir de seus pensamentos e atos, dos produtos de suas ações, que derivamos o conceito de sua cultura. Até que ponto um indivíduo é capaz de se libertar dos grilhões que a cultura lhe impõe depende não apenas de sua individualidade, mas igualmente, se não mais, da cultura que lhe é imposta. A história não nos dá nenhuma pista direta para a compreensão da expressão da cultura na vida individual.

Para dar um exemplo: para o analfabeto, a história de seu idioma é irrelevante. O que é importante para a compreensão da função da língua na vida cultural é a questão de como a *cama de Procusto* da língua molda as ideias; como o tom emocional das palavras e frases influencia a ação; e como as atividades da pessoa modificam a linguagem. O mesmo não é menos verdadeiro em outros campos. As condições culturais de um povo têm tido uma longa história. Queremos conhecer essa história; mas mesmo um conhecimento íntimo do passado não explica as reações de um indivíduo que vive em um determinado momento às tensões culturais e individuais que determinam suas ações. Embora os dados históricos possam nos permitir de vez em quando inferir, por meio das mudanças observadas, as forças que são liberadas pela interação de todos os diferentes elementos da cultura agindo sobre cada pessoa de acordo com sua individualidade e resultando em estabilidade ou mudança, nunca podemos obter uma visão clara sobre isso, exceto pelo estudo de uma multidão de indivíduos reagindo a uma cultura, e pelo estudo do efeito cumulativo dessas reações.

Um estudo detalhado do comportamento de muitos indivíduos em um determinado momento pode revelar tendências de mudança, porque alguns deles ficarão para trás e representarão um estágio anterior da cultura, enquanto outros ficarão à frente de seu tempo. Em alguns casos, será possível avaliar a força relativa do atraso e do avanço que permite um prognóstico bastante seguro da direção em que os fenômenos culturais podem estar se movendo. Um excelente exemplo de tal análise foi dado por Alexander Lesser em sua monografia sobre o jogo manual dos Pawnee,[5] na qual, através de um estudo das mudanças ocorridas durante os últimos 60 ou 70 anos, foram traçados ajustes de novas tendências e antigos costumes. De forma semelhante, ajustes podem ser observados nos arranjos domésticos dos índios kwakiutl. Antigamente, as pessoas costumavam sentar-se na hora das refeições apoiadas a um encosto, ajoelhadas, com os alimentos espalhados sobre uma esteira. Nas festas, eles continuam com esse hábito, mas quando comem no círculo familiar usam atualmente uma mesa baixa, com cerca de 15 centímetros de altura, e um banquinho muito baixo. Pode-se prever que a altura da mesa e das banquetas aumentará. As casas modernas são também uma adaptação da casa de moldagem americana às suas exigências sociais. A sala da frente é grande e sem mobília, com um fogão no centro, correspondente à antiga casa quadrada com um fogareiro no meio; os aposentos, que em tempos antigos consistiam de pequenos galpões ao redor da sala central, foram agora relegados para a parte de trás da casa. Em nossa própria cultura, a crescente tendência à socialização, ao melhor ajuste entre as necessidades do indivíduo e as da sociedade como um todo, apresenta um cenário semelhante.

Talvez possamos comparar o problema da previsibilidade das mudanças culturais com o da previsibilidade dos movimentos de vários corpos distribuídos no espaço, sendo conhecida a velocidade de cada um. Com base em nosso conhecimento das leis da gravitação, os futuros movimentos e posições desses corpos podem ser previstos. No caso de fenômenos sociais, as "leis" não são tão conhecidas, e por causa da multiplicidade de elementos contraditórios, a previsão não é certa. Não obstante, as tendências dinâmicas gerais da mudança cultural podem ser compreendidas por tal análise.

O estudo histórico precisa do conhecimento dos processos dinâmicos que podem ser observados nas culturas vivas. Estes, por sua vez, vão lançar luz sobre acontecimentos históricos, pois as condições do passado podem ser mais bem compreendidas pelo conhecimento dos processos que podem ser observados no momento presente. Com base nessas considerações, ressurgiu a esperança de que se encontrem leis de validade geral que controlem todos os acontecimentos históricos, que nos permitam afirmar não apenas as condições dinâmicas que controlam a interação entre as diferentes manifestações da vida cultural, mas também as sequências necessárias das formas culturais.

Uma série de tendências sociais que aparentemente são válidas em geral podem ser isoladas. Sua base psicológica e as formas em que encontram expressão podem ser estudadas. Daí a solidariedade dos grupos sociais e seu antagonismo com o estranho; as formas e motivos de coordenação e subordinação; imitação e resistência a influências externas; competição entre indivíduos e entre grupos; divisão de trabalho; fusão e segregação; atitudes em relação ao sobrenatural — para mencionar apenas algumas — podem ser investigadas. Essas expressões de vida social são geralmente válidas. O mesmo é válido para os estados e processos mentais individuais. Medo e esperança, amor e ódio, valorização do bem e do mal, do belo e do feio, são características humanas gerais que encontram expressão na conduta social. A partir desses estudos pode-se construir uma morfologia cultural e desenvolver uma psicologia social, a partir da variedade de manifestações dessas categorias.

Uma morfologia cultural é necessariamente fundada em estudos comparativos de formas semelhantes em diferentes partes do mundo. Para que seus dados sejam significativos para o desenvolvimento de leis sociais, as semelhanças devidas à disseminação cultural precisam ser eliminadas. Assim, as semelhanças entre organização administrativa e procedimento judicial encontradas na África não podem ser consideradas expressões de uma lei de desenvolvimento da cultura humana, pois devem ser tidas como parte do desenvolvimento cultural geral da Europa e de uma grande extensão da Ásia. Isso é comprovado pelo contraste entre o Velho

Mundo e as instituições aborígines americanas. O desenvolvimento da indústria africana do ferro e da pecuária também está historicamente relacionado com os de outras partes do Velho Mundo. Se estas forem excluídas, permanecem semelhanças morfológicas que requerem estudo.

A esse grupo pertencem semelhanças nas formas de sistemas de relacionamento baseados em princípios distintos de classificação, muitos dos quais são distribuídos de forma tão irregular que a unidade histórica de origem é praticamente excluída. Suas semelhanças podem ser comparadas àquelas expressas em linguagem na qual princípios semelhantes de classificação de conceitos são encontrados em áreas desconectadas; tais como masculino e feminino, animado e inanimado.

A classificação morfológica leva a dois problemas: o primeiro, até que ponto os vários tipos representam uma série progressiva; o segundo, se eles podem ser reduzidos a leis sociopsicológicas gerais.

O sistema de formas estabelecido com base na semelhança e dessemelhança morfológica não tem valor histórico, a menos que se possa provar que as formas realmente se sucedem em sequência histórica. Os erros, baseados na suposição de que essas classes representam uma sequência histórica, são encontrados principalmente nos escritos da Escola Evolucionista. Elas aparecem em uma variedade de formas. Assim, a classificação de certas formas de arte a partir da representação naturalista até formas convencionalizadas é válida; mas isso não prova que essa classificação coincide com uma sequência histórica, a menos que uma prova histórica real possa ser dada. Na sua ausência, a validade só pode ser reivindicada pela constante interação entre realismo e convencionalismo.

A arte também é frequentemente associada a ideias religiosas; mas isso não prova que a origem da arte deva ser procurada em motivos religiosos. Uma classificação das formas de arte sob este ponto de vista não tem necessariamente relação com seu desenvolvimento histórico. Em alguns casos, o significado religioso da obra de arte estimulará o desenvolvimento de um estilo superior; em outros casos, induzirá a uma execução descuidada, talvez devido à utilidade efêmera do objeto.

A esse grupo pertence também o muito discutido problema do desenvolvimento da organização familiar, se as instituições maternas devem preceder a sucessão paterna. Os vários capítulos do presente volume* mostram que a prova de uma sequência histórica uniforme não pode ser dada.

A questão do desenvolvimento em uma direção definida está intimamente ligada ao nosso conceito de "progresso". O próprio conceito pressupõe uma norma para a qual a cultura avança, e não se pode evitar uma decisão sobre o que deve ser essa norma. Parece quase inútil que essa norma seja baseada em nossa própria experiência, em nossa própria civilização. É claro que se trata de uma norma arbitrária e talvez seja o maior valor da Antropologia que nos torna familiarizados com uma grande variedade de tais normas. Antes que se possa decidir o que é progresso, devemos saber se existem valores humanos gerais pelos quais possamos medi-lo.

---

* N. T.: Boas se refere à obra *General Anthropology*, publicada em 1938 por D. C. Heath and Company, da qual foi extraído esse texto.

De certa maneira podemos muito bem falar de progresso. Desde os tempos mais remotos, o conhecimento e o controle da natureza receberam constantes acréscimos sem grandes perdas. Novos poderes foram adquiridos e novos conhecimentos foram descobertos. A capacidade do ser humano de lidar com seu ambiente melhorou e novos recursos foram disponibilizados. Ao mesmo tempo, o progresso do conhecimento levou à eliminação do erro. O conflito entre o pensamento racional, por um lado, e as reações emocionais e a tradição rígida, por outro, tendeu a levar à supremacia da razão, embora os elementos emocionais tenham continuado e ainda continuem a moldar a forma da cultura.

A etapa do conhecimento adquirido na maioria das vezes acidentalmente, através da experiência diária, até a pesquisa sistemática não tem sido feita com frequência. Os astrólogos da Babilônia e do México, os matemáticos da Índia e de Yucatán, os chineses e os gregos conseguiram dar esse passo. Mesmo quando esse avanço foi feito, a imaginação e a tradição não foram imediatamente eliminadas, mas entraram na estrutura da ciência primitiva.

Se valorizássemos o progresso inteiramente pelo desenvolvimento da invenção e do conhecimento, seria fácil organizar as divisões da humanidade em ordem de progresso, começando pelas culturas mais simples do ser humano paleolítico primitivo até chegar às civilizações modernas na Europa e suas colônias e em muitas partes da Ásia.

Não é tão fácil definir o progresso em outros aspectos da cultura, exceto na medida em que o aumento do conhecimento enfraquece o domínio de conceitos mais antigos. Isso pode ser ilustrado pelo avanço no comportamento ético. Westermarck,[6] Hobhouse[7] e Sutherland[8] nos deram dados completos sobre a evolução do comportamento ético, mas não é de modo algum claro que isso seja idêntico a um avanço nas ideias éticas. O comportamento ético pode muito bem ser entendido como refletindo as mesmas ideias morais em diferentes tipos de sociedade e modificado pelas instituições existentes e pela extensão do conhecimento. As línguas dos povos em todo o mundo provam que os vícios que conhecemos, tais como assassinato, roubo, mentira, estupro, são reconhecidos e, na maioria dos casos, desaprovados dentro do grupo social no qual os deveres mútuos são reconhecidos. A diferença consiste em grande parte no crescente reconhecimento dos direitos daqueles que estão fora do próprio grupo, e estes se baseiam numa valorização de semelhanças que antes não eram reconhecidas. Enquanto nos primórdios o estrangeiro era um inimigo tanto quanto um animal selvagem, seus direitos humanos foram lentamente compreendidos, um processo que ainda não está concluído, já que para nós os direitos do estrangeiro ainda são considerados em um nível diferente dos direitos do cidadão.[9]

Talvez seja ainda mais difícil definir o progresso na organização social, uma vez que nesse campo nossos próprios ideais não são uniformes. "O individualista extremo pode considerar a anarquia como seu ideal. Outros podem acreditar na arregimentação voluntária extrema; outros ainda em um poderoso controle do indivíduo pela sociedade ou na sujeição a uma liderança inteligente — ou emocional e pouco inteligente. Desenvolvimentos em todas essas direções ocorreram e ainda podem ser observados na história dos Estados modernos. Podemos falar de progresso em certas direções, dificilmente de progresso absoluto, exceto na medida em que depende do conhecimento que contribui para a segurança da vida humana, da saúde e do conforto".[10]

A ampliação do conceito de "humanidade" teve uma influência muito lenta sobre a ruptura do conceito de "*status*" de um indivíduo. A Revolução Francesa tentou aboli-la e a jovem República Americana a rejeitou, embora continuasse mantendo a condição de escravidão. Na civilização ocidental moderna, a determinação da condição de uma pessoa pelo nascimento ou pela segregação social vem perdendo em força. Nos Estados Unidos, a situação racial do negro e do asiático ainda prevalece, e a Alemanha recaiu na brutalidade de determinar a posição de um indivíduo por sua ascendência racial. Nas sociedades primitivas de estrutura complexa, a categoria de uma pessoa como membro de um clã, um grupo etário, um grupo de classificação, é muitas vezes determinado. No grupo de parentes, depende de sua posição na família, como pai, tio ou tia, sogro, e assim por diante. Na maioria das sociedades, a posição determinada pelo sexo é rígida porque depende dos deveres econômicos inevitáveis do homem e da mulher e das limitações impostas à mulher por sua vida sexual. Com a mudança dessas condições na vida moderna, a posição da mulher perdeu a maior parte de sua rigidez, e pode-se prever que seu restabelecimento artificial, que está sendo tentado na Alemanha, se revelará fútil.

Essas considerações mostram que uma interpretação histórica das classificações das formas sociais como expressão de progresso só pode ser alcançada de forma muito limitada.

Outro problema da morfologia da cultura refere-se à inter-relação entre as várias manifestações da vida cultural.

Existe uma óbvia inter-relação entre as condições econômicas e outros aspectos da vida. Tribos caçadoras obrigadas a vaguear, perseguindo a caça, e não tendo animais domesticados para ajudar no transporte de mercadorias, não podem acumular bens volumosos. Seus produtos manufatureiros estarão confinados às necessidades da vida. Seus trabalhos manuais podem ser tecnicamente perfeitos e até mostrar uma apreciação de adorno, mas a necessidade de evitar a sobrecarga do itinerante será um obstáculo ao desenvolvimento das manufaturas. Se as condições forem mais propícias, de modo que os alimentos possam ser acumulados e armazenados por um período mais longo, talvez a tal ponto de possibilitar maiores agrupamentos de membros da tribo e de tribos amigas, novos estímulos poderão surgir, ligados à estabilidade periódica dos grupos e seus contatos sociais mais fortes. Por outro lado, uma população estável com um suprimento abundante de alimentos que não exija esforço constante por parte de cada membro da tribo para obter o suprimento de alimento necessário dará oportunidade para atividades fabris mais variadas e para o acúmulo de propriedade. Uma população densa, que só pode surgir quando a oferta de alimentos é ampla, leva, se o grupo formar uma unidade política, à divisão do trabalho e requer uma organização social mais rígida. Quando as unidades políticas permanecem pequenas, a influência da densidade populacional pode ser muito pequena. É importante pesquisar aqueles tipos de conduta social que são mutuamente contraditórios e, portanto, não podem coexistir. Escassez de população e organização política complexa; isolamento de pequenos grupos de indivíduos que são economicamente autossustentáveis e a divisão elaborada do trabalho; incapacidade de preservar o suprimento de alimentos e o capitalismo; vida nômade e alto desenvolvimento da arquitetura; música elaborada e ausência de sopro, cordas ou outros instrumentos afinados; lei formal sem qualquer tipo de sanções legais, são tais contradições. Outras não tão evidentes podem ser descobertas. Em seu estudo, descobrir-se-á que às vezes são utilizadas as formas mais desonestas para possibilitar a coexistência de tipos contraditórios de comportamento. Assim, os todas insistem na endogamia estrita do casamento formal, mas permitem relações exogâmicas. Algumas tribos norte-americanas insistem na valentia como prova de masculinidade, mas, ao mesmo tempo, honram uma pessoa que se recusa a ir para a guerra.

A existência de certas relações fundamentais entre fenômenos sociais de tipos distintos pode ser ilustrada por muitos exemplos. Numa tentativa de aplicá-los a culturas específicas, muitas variações importantes são encontradas, de modo que os pontos fundamentais são muitas vezes obscurecidos. Os pobres caçadores e coletores de alimentos da *Tierra del Fuego* não estão, no que diz respeito ao seu abastecimento alimentar, em pior situação do que os pescadores e caçadores de ambas as costas do Oceano Pacífico Norte. Embora lhes falte abundância de produtos vegetais e de madeira de fácil manejo, isso por si só não explica suficientemente a diferença, tanto em qualidade quanto em quantidade, de seus produtos manufaturados. Nesse caso, outros fatores interferiram na clara expressão da relação entre o fornecimento de alimentos, possibilidade de localização estável e desenvolvimento cultural.

As tentativas de correlacionar formas de sistemas de relacionamento com diferentes níveis culturais também fracassaram. É bem verdade que em uma pequena população endogâmica o sistema de relacionamento social pode incluir todos os membros da comunidade, enquanto em grupos amplamente dispersos os laços sociais que unem membros de descendência comum ou aqueles vinculados por laços de afinidade podem ser altamente modificados. No entanto, não há evidência de que a densidade populacional, a estabilidade de localização ou o *status* econômico estão necessariamente relacionados a um determinado sistema de relacionamento e de comportamento ligado a ele. A comunidade dispersa pode preservar parte de sua unidade em uma organização irmã, ou pode se separar em pequenas famílias mantidas unidas por interesses culturais de outra ordem.

As condições dinâmicas que controlam a permanência de grandes grupos de parentescos e sua desagregação podem ser descritas. Sua manifestação em qualquer sociedade em particular não pode ser determinada apenas com base nessas leis dinâmicas, mas depende de cada constelação social em particular.

A falta de coerência específica entre vários aspectos da cultura foi efetivamente ilustrada por Andrew Lang em sua introdução ao livro de K. Langloh Parker, *The Euahlayu Tribe*,[11] no qual ele mostra que a organização social e os tipos de ideias religiosas não podem ser considerados determinantes mútuos.

A própria existência da sociedade deve depender da preponderância da unidade sobre as forças disruptivas. As culturas nativas estão sujeitas a tais forças perturbadoras durante períodos de transição para padrões modernos. Assim, os pueblos do sudoeste norte-americano se dividiram em grupos separados de conservadores e progressistas, com o resultado de que os progressistas, em alguns casos, estabeleceram suas próprias aldeias. A luta entre as forças unificadoras e perturbadoras não significa que toda cultura se esforce por um máximo de harmonia. Pelo contrário, há muitas em que o indivíduo não pode levar uma vida feliz sem conflitos dentro da tribo. Sociedades dilaceradas pela vingança ou pelo medo da feitiçaria são exemplos dessa condição. A extensão na qual as forças disruptivas são toleradas depende inteiramente do tipo de cultura e da força emocional das tendências contraditórias.

Parece mais desejável e vale a pena compreender cada cultura como um todo e definir seu caráter. Em nossa civilização moderna, os grupos sociais são tão diferenciados que seria difícil indicar mais do que tendências gerais resultantes de muitas atitudes conflitantes ou mesmo contraditórias. O político fanático, o cientista, o trabalhador não qualificado, o magnata industrial, não podem ser integrados no quadro de uma personalidade, embora todos eles sejam parte integrante de nossa civilização. Prevalece a impressão de que em culturas simples, em que não há diferenciação cultural, o indivíduo é muito mais estritamente um representante de toda a cultura, e que nesses casos é possível dar uma imagem da cultura que é ao mesmo tempo uma imagem de uma personalidade. Não é muito fácil determinar o valor de tal imagem. É o de uma personalidade representativa "típica"? Até que ponto essa imagem é esquemática? Pode o pesquisador compreender essa imagem sem colori-la por suas próprias atitudes subjetivas?

As dificuldades desse problema são óbvias e análogas àquelas que nos confrontam na tentativa de compreender uma personalidade como um todo. Muitos psicólogos tentam em vão determinar os traços de uma personalidade por meio de observações experimentais de sua atitude em diversas situações simples e controladas. As respostas que eles recebem não podem dar nenhuma informação que contenha mais do que as reações observadas a essas situações. A personalidade como um todo não é a soma dessas únicas reações, que são determinadas em parte organicamente, em parte culturalmente. A multiplicidade de experiências provoca reações variáveis determinadas por conflitos de aspirações e desejos, e somente captando o conjunto delas é que podemos obter uma imagem da personalidade. Ao interpretar esses resultados, muitos psicólogos estão preocupados em saber até que ponto as reações variáveis são determinadas organicamente. A personalidade do observador e sua influência sobre suas interpretações têm um papel importante no resultado desses estudos. Caso contrário, não deveríamos ter tantas interpretações contraditórias de figuras históricas. Quando o psicólogo ou psiquiatra tenta entrar mais profundamente nas manifestações da vida mental, talvez nos forneça novos dados para uma compreensão das personalidades. No entanto, as contradições entre as interpretações que nos são dadas provam que a imagem é profundamente influenciada pela mente do observador. Quando se tenta estabelecer tipos com base nisso, são acrescentadas outras dificuldades de interpretação.

Novos obstáculos surgem quando tentamos aplicar esses métodos ao estudo de tipos de cultura. Não importa quão fortemente uma comunidade possa ser controlada por pensamentos dominantes, eles não influenciam o comportamento do mesmo indivíduo em todos os momentos, da mesma forma, e indivíduos diferentes também reagem a eles cada um à sua maneira. Uma imagem compreensivelmente clara origina-se apenas quando a forma dominante tem tal vigor que as individualidades são suprimidas por ela. A gama de variações no comportamento dos membros da tribo, a frequência ou raridade de conflitos com o comportamento comum determinam a força do costume na vida do povo. Quanto mais poderosa for sua influência, mais difícil é para o indivíduo resistir a ela.

O regulamento do casamento pode servir de exemplo. Quando os casamentos endogâmicos são estritamente proibidos, em geral existe, aparentemente, indiferença sexual entre membros do sexo oposto que não estão permitidos a se casar. No entanto, o amor apaixonado entre homem e mulher de relacionamento tabu ocorre suficientemente forte para contrariar o costume. Até que ponto a verdadeira indiferença sexual existe só pode ser determinada por meio de um conhecimento mais detalhado e completo dos indivíduos. Observações do comportamento habitual podem ser bastante enganosas. Nossa própria experiência das relações sexuais entre irmão e irmã nos permite concluir que, devido à presença do costume, a indiferença sexual é a regra. Essa inferência é reforçada pela observação de que em culturas que estão se desintegrando sob a influência do contato europeu, as restrições às regras de casamento permitidas são passíveis de resistir por muito tempo. É mais difícil entender a indiferença sexual nos casos em que a escolha dos cônjuges é restrita a poucos indivíduos, como acontece na Austrália, ou nas exclusões de grupo em que o casamento de um homem com uma mulher de outro grupo impede todos os casamentos recíprocos de um homem do segundo grupo com uma mulher do primeiro grupo, como entre os gilyak.[12]

Os costumes que regulam a caça, da qual depende o bem-estar de toda a comunidade, são outro exemplo. Tal dependência é encontrada entre os esquimós. O indivíduo dificilmente está em condições de se livrar de sua força compulsiva, pois o perigo da fome está sempre presente; por essa razão, cada membro da tribo está sujeito à supervisão de seus atos por seus companheiros de tribo.

Em alguns casos, a orientação da tribo em relação a certos aspectos de sua cultura encontra expressão até mesmo em sua língua. Assim, os dakotas distinguem rigidamente entre a posse de objetos que são propriedade exclusiva de uma pessoa e que nunca podem pertencer a mais ninguém, como as partes de seu corpo; bens que podem ser transferidos a outros; e outro grupo que nunca pode ser propriedade de uma única pessoa, como comida, incluindo refeições preparadas por um único indivíduo, e objetos da natureza, enfim, qualquer coisa que a tribo precise para seu sustento. As categorias de diferentes tipos de posse são clara e definitivamente expressas por formas linguísticas.

Esses exemplos provam que o comportamento em relação a certos aspectos da vida pode ser governado por conceitos fundamentais, os quais são passíveis de observação objetiva.

Na maioria dos casos, sua influência não se estende a toda a gama de formas sociais, mas é restrita em seu escopo. Para a caracterização de uma cultura precisamos do conhecimento dos conceitos fundamentais que encontram expressão na mais ampla gama de formas e atividades sociais.

A maioria das tentativas de caracterizar a vida social dos povos é prejudicada pela falta de comportamento uniforme de todos os indivíduos, pela diversidade das atividades sociais e pelo interesse subjetivo do estudioso que é desafiado pelo contraste entre o comportamento observado e suas próprias atitudes habituais. Os esquimós são frequentemente descritos como de boa índole, de temperamento ensolarado. Isso parece formar um contraste marcante com as dificuldades da vida em um clima ártico. É verdade que eles são indiferentes às dificuldades da vida cotidiana e possuem uma tenacidade de propósito que os faz sentir como um leve desconforto o que nos pode parecer como um sofrimento insuportável, e o escasso conforto de suas habitações lhes dá descanso e prazeres sociais que eles desfrutam completamente. Em contraste, observamos entre eles a subserviência à brutalidade dos "homens fortes". A comunidade maltratada resiste ao seu domínio até que finalmente se levanta e mata o tirano. Observamos casos de assassinatos traiçoeiros entre amigos de longa data, medo de doenças e a crença na inclinação de alguns de viver uma vida de eremita. Não há nenhum traço fundamental a partir do qual as diversas manifestações da vida social possam ser vistas. Talvez seja possível dizer que em uma comunidade sem estratificação e caracterizada pela amizade mútua geral, um homem de qualidades físicas e mentais incomuns e cheio de um desejo anormal de poder pode se tornar um tirano; mais do que em uma tribo na qual os privilégios de cada indivíduo estão sujeitos a normas fixas e na qual cada um tem direitos e deveres reconhecidos — desde que estes não estejam centrados em um indivíduo ou em um pequeno grupo. Talvez até mesmo a tendência ao isolamento dos indivíduos possa ser considerada como resultado das condições gerais de vida que forçam todos ao máximo grau de autoconfiança. Levando tudo isso em conta, não resulta uma imagem clara. O amor dos homens por uma prática lúdica da arte de esculpir que leva à fabricação de figuras bem executadas de animais — uma característica ainda mais pronunciada entre os chukchee e os koryak; o cuidado das mulheres no desenvolvimento de belos desenhos de roupas por meios de efeitos contrastantes de cor de pele; a pobreza marcante de histórias relacionadas a animais, em contraste com contos populares que tratam da vida humana, não pode ser considerada tão estreitamente correlacionada com outros traços de sua vida. Apesar da importância das condições econômicas, não parece haver nenhuma razão para que essas características da vida social devam ser designadas como superestrutura, pois não se pode demonstrar que elas sejam determinadas pelas condições econômicas, embora tenham uma relação com elas, como com todas as outras fases da cultura.

Muito mais claro e de caráter unificado é o quadro nas culturas em que uma ideia dominante, em vez da ocupação principal, controla a vida. Esse parece ser o caso, por exemplo, entre os índios das planícies. Não apenas a guerra era uma ocupação predominante, mas o valor de um homem dependia de tal forma da glória dos atos bélicos que toda a vida parecia ser preenchida pelo desejo do que era considerado um ato heroico. A imaginação dos esquimós se detém nos perigos e sucessos da caça aos animais marinhos. O motivo principal na vida do índio das planícies era o desejo de fama como guerreiro. A diferença de situação entre esses dois grupos pode talvez ser vista em uma diferença de ênfase afetiva. O índio encontra alívio em uma situação afetiva indo para a guerra sozinho ou com alguns amigos. O luto, a vergonha, o aborrecimento são conquistados por atos bélicos. O ornamento convencional é interpretado como referindo-se à guerra. Assim, um desenho de dois triângulos com as pontas se tocando é visto como dois grupos de guerreiros em combate. Para o observador, essa atitude parece ser o traço mais proeminente de sua cultura, uma característica totalmente estranha ao esquimó.

Outra característica é seu amor pelo cerimonialismo elaborado, que está presente em todas as ocasiões e desempenha um papel importante na condução da guerra. Todo acontecimento importante exige cerimônias complicadas e ostensivas.

Entretanto, isso não dá um quadro exaustivo, pois a vida doméstica dessas pessoas abre outras perspectivas. Dentro da tribo a liberalidade, a integridade, a castidade e a misericórdia são temas de louvor. Tampouco é admissível generalizar a partir do valor do guerreiro e supor que o índio está livre do medo. Não só o sobrenatural o enche de temor e o assusta; a doença também rouba sua coragem e o torna cheio de medo da feitiçaria e da morte.

Evidentemente, quanto mais amplo for o escopo de um motivo principal da cultura, mais ele aparecerá como característica de toda a cultura, mas não devemos nos enganar e acreditar que ele nos dará uma imagem exaustiva de todos os lados da cultura.

Como exemplo, posso referir-me novamente aos índios da costa noroeste dos Estados Unidos. O motivo principal de suas vidas é a busca ilimitada por prestígio social e por manter o que foi conquistado, e o intenso sentimento de inferioridade e vergonha se a mínima parte do prestígio for perdida. Isso se manifesta não apenas nas tentativas de alcançar uma posição cobiçada, mas igualmente no esforço de ser considerado o membro mais atroz da tribo. A posição e a riqueza são as mais valorizadas, mas também há casos de criminosos (no sentido da cultura que estamos discutindo) que disputam entre si para cometer atrocidades. A perda de prestígio em qualquer sentido é uma fonte de vergonha que deve ser compensada por alguma ação que restabeleça o respeito perdido. Se isso não for possível, leva ao suicídio. A arte consiste na glorificação do brasão de família ou das histórias familiares. Uma pretensão de conservadorismo excessivo, muitas vezes contrariada por mudanças óbvias de comportamento, está intimamente aliada à vigilância zelosa de todos os privilégios.

Essas tendências são tão marcantes que as qualidades amáveis que aparecem na vida familiar íntima são facilmente negligenciadas. Estas não estão de forma alguma ausentes. Em contraste com o ciúme com a qual as prerrogativas são guardadas, todos no círculo familiar menosprezam sua posição. Marido e mulher se dirigem um ao outro como "Você, de quem sou escravo" ou "Você, de quem sou cachorro". Pais e avós se designam da mesma maneira quando falam com seus filhos, que por sua vez usam apelidos quando se dirigem aos pais e avós.

Quanto menos pronunciadas as ideias principais de uma cultura simples, ou quanto mais variadas as ideias de uma tribo dividida em estratos sociais, mais difícil é traçar um quadro válido que não contenha contradições. Não podemos esperar fazer mais do que elucidar as ideias principais, lembrando claramente as limitações de sua validade.

O estudo sociopsicológico, mais do que qualquer outro aspecto da pesquisa antropológica, exige aquela liberdade em relação ao preconceito cultural que por si só pode ser alcançada pelo estudo intensivo de culturas estrangeiras de tipos fundamentalmente distintos que nos tornam claros quais entre nossos próprios conceitos são determinados por nossa cultura moderna e que podem ser geralmente válidos, porque baseados na natureza humana.

Notas

[1] H. Spencer, The *Principles of Sociology*, 3. ed., 1888, v. 1, pp. 435 ss.

[2] A. Schäffle, *Bau und Leben des socialen Körpers*, Tübingen, 1875.

[3] Discutido resumidamente em G. Kafka, *Handbuch der vergleichenden Psychologic*, Munique, 1922, v. 1, pp. 412 ss.

[4] J. G. Frazer, *Totemism and Exogamy* (London, 1910) e *The Golden Bough*, 3. ed., London, 1907-1915).

[5] A. Lesser, *The Pawnee Ghost Dance Hand Game*, Columbia University Contributions to Anthropology, v. 16, 1933.

[6] E. Westermarck, *The Origin and Development of Moral Ideas*, London, 1906.

[7] L. J. Hobhouse, *Morals in Evolution*, London, 1906.

[8] A. Sutherland, *The Origin and Growth of the Moral Instinct*, London, 1898.

[9] F. Boas, *Anthropology and Modern Life*, 1932, p. 220 ss.

[10] Ibid., p. 288. [N. T.: Boas se refere à obra *General Anthropology*. Boas (Ed.), op. cit.]

[11] Ver p. XVI.

[12] L. Sternberg, *The Gilyak* (Ms.).

Os textos deste livro foram publicados originalmente nas seguintes referências:

Introdução
BOAS, Franz. Introduction. In: BOAS, Franz (Ed.). *General Anthropology*. Boston; New York; Chicago; Atlanta; Dallas; San Francisco; London: D. C. Heath And Company, 1938, pp. 1-6.

As limitações do método comparativo da Antropologia
Artigo lido no Encontro da A. A. A. S. em Buffalo. *Science*, N.S., v. 4, 1896, pp. 901-8. In: BOAS, Franz. *Race, Language and Culture*. New York: The Macmillan Company, 1940, pp. 270-80.

Os objetivos da Etnologia
Palestra proferida perante a Deutscher Gesellig-Wissenschaftlicher Verein von New York, em 8 de março de 1888; New York: Hermann Bartsch, 1889. In: BOAS, Franz. *Race, Language and Culture*. New York: The Macmillan Company, 1940, pp. 626-38.

Os métodos da Etnologia
American Anthropologist, N.S., v. 22, 1920, pp. 311-22. In: BOAS, Franz. *Race, Language and Culture*. New York: The Macmillan Company, 1940, pp. 281-89.

Alguns problemas de metodologia nas ciências sociais
The New Social Science, editado por Leonard D. White, University of Chicago Press, 1930, pp. 84-98. In: BOAS, Franz. *Race, Language and Culture*. New York: The Macmillan Company, 1940, pp. 260-69.

Métodos de pesquisa
BOAS, Franz (Ed.). *General Anthropology*. New York: D. C. Heath and Company, 1938, cap. XV, pp. 666-86.

Bibliografia

BOAS, Franz (Ed.). *General Anthropology*. New York: D. C. Heath and Company, 1938.

BOAS, Franz. *Anthropology and Modern Life*. New York: The Norton Library W. W. Norton & Company. INC., 1962.

_____. *Race, Language and Culture*. New York: The Macmillan Company, 1940.

FRAZER, J. G., *Totemism and Exogamy*. London: [s.n.], 1910.

_____. *The Golden Bough*. 3. ed. London: [s.n.], 1907-1915.

HOBHOUSE, L. J. *Morals in Evolution*. London: [s.n.], 1906.

SCHÄFFLE, A. *Bau und Leben des socialen Körpers*. Tübingen: [s.n.], 1875.

SPENCER, H. The *Principles of Sociology*. 3. ed., v. 1, 1888.

STERNBERG, L. *The Gilyak* (Ms.). [s.l.]: [s.n.], [s.d.].

SUTHERLAND, A. *The Origin and Growth of the Moral Instinct*. London: [s.n.], 1898.

WESTERMARCK, E. *The Origin and Development of Moral Ideas*. London: [s.n.], 1906.

Artigos

BOAS, Franz. "Address of the president of the American Association for the Advancement of Science", Atlantic City, dezembro de 1932. *Science* N.S., v. 76, 1932, pp. 605-13.

_____. Artigo lido no Encontro da A. A. A. S. em Buffalo. *Science*, N.S., v. 4, 1896, pp. 901-8.

_____. In: ANDREE, Richard. *Ethnographische Parallelen und Vergleiche.* Leipzig: Neue Folge, 1889, pp. 107 ss.

_____. Palestra proferida perante a *Deutscher Gesellig-Wissenschaftlicher Verein von New York*, em 8 de março de 1888. New York: Hermann Bartsch, 1889.

_____. *American Anthropologist*, N.S., v. 22, 1920, pp. 311-22.

_____. *The New Social Science.* Editado por Leonard D. White. [S.l.]: University of Chicago Press, 1930, pp. 84-98.

_____. Discussão antes do Encontro de Naturalistas e Sociedades Afiliadas Americanas em Nova York, dezembro de 1898. *Science*, N.S., v. 9, 1899, pp. 93-6.

_____. Discutido resumidamente em KAFKA, G. *Handbuch der verglei-chenden Psychologic*, Munique, v. 1, 1922, pp. 412 ss.

LESSER, A. *The Pawnee Ghost Dance Hand Game.* Columbia University Contributions to Anthropology, v. 16, 1933.

O autor

Franz Uri Boas nasceu em Minden, Alemanha, em 1858 e faleceu em Nova York em 1942. É considerado o "pai" da Antropologia americana e referência básica em Antropologia Cultural. Influenciou muitos pesquisadores, dentre eles Ruth Benedict, Ruth Bunzel, Margaret Mead, Alfred L. Kroeber, Edward Sapir, Robert Lewie e o sociólogo brasileiro Gilberto Freyre. Sua primeira formação foi em Geografia, Física e Matemática. O encanto pela Antropologia só se deu após uma expedição geográfica ao norte do Canadá, mais especificamente a ilha de Baffin, entre os anos de 1883-1884, com a finalidade de estudar os efeitos de características geográficas sobre a cultura dos esquimós. Foi nesse contato prolongado com esse povo que seu interesse por estudar culturas se intensificou. Sua tese sobre a cultura dos esquimós rendeu-lhe o título de livre-docente em Geografia. Movido pelo interesse em Antropologia Cultural, fez uma expedição etnográfica à Colúmbia Britânica, em 1886, para estudar os nativos da costa noroeste, em especial o povo kwakiutl, que, posteriormente, tornou-se alvo sistemático de suas pesquisas. Migrou para os Estados Unidos, onde, em 1887, se naturalizou norte-americano. Foi professor na Universidade de Clark, Worcester, onde também chefiou o recém-criado departamento de Antropologia, vindo a renunciar de seu posto em 1892 alegando violação da liberdade acadêmica. Foi curador do Museu Field, de Antropologia, em Chicago, e professor de Antropologia Física na Universidade de Colúmbia (1899-1942), onde permaneceu até o fim de sua carreira. Nessa última universidade, além de professor e pesquisador, criou o primeiro Doutorado em Antropologia dos EUA.

O tradutor

José Carlos Pereira é professor com pós-doutorado em Antropologia Social, doutorado em Sociologia, mestrado em Ciência da Religião, bacharelado em Teologia e licenciatura plena em Filosofia. É autor de mais de 90 livros, em diversas áreas, publicados no Brasil e no exterior, além de algumas traduções de Franz Boas, incluindo as obras *Antropologia da Educação* e *Antropologia Cultural*, publicadas pela Editora Contexto. Faz parte do Núcleo de Estudos Religião e Sociedade, do Programa de pós-graduação em Ciências Sociais da PUC/SP.

CADASTRE-SE
EM NOSSO SITE,
FIQUE POR DENTRO DAS NOVIDADES
E APROVEITE OS MELHORES DESCONTOS

LIVROS NAS ÁREAS DE:

História | Língua Portuguesa | Educação
Geografia | Comunicação | Relações Internacionais
Ciências Sociais | Formação de professor
Interesse geral | Romance histórico

ou
editoracontexto.com.br/newscontexto

Siga a Contexto
nas Redes Sociais:
@editoracontexto

GRÁFICA PAYM
Tel. [11] 4392-3344
paym@graficapaym.com.br